ULISSES
O HERÓI DA ASTÚCIA

HERÓIS E HEROÍNAS DA MÍTICA GREGA

Maria Zelia de Alvarenga
Sylvia Mello Silva Baptista

ULISSES
O HERÓI DA ASTÚCIA

© 2011 Casapsi Livraria e Editora Ltda.
É proibida a reprodução total ou parcial desta publicação, para qualquer finalidade,
sem autorização por escrito dos editores.

1ª Edição
2011

Editores
Ingo Bernd Güntert e Juliana de Villemor A. Güntert

Assistente Editorial
Luciana Vaz Cameira

Capa e Projéto Gráfico
Bravura Escritório de Desenho

Editoração Eletrônica e Produção Gráfica
Najara Lopes

Coordenador de Revisão
Lucas Torrisi Gomediano

Preparação de Texto
Gabriel Madeira Fernandes

Preparação e Revisão Final
Caroline Serra Azul

Dados Internacionais de Catalogação na Publicação (CIP)
(Câmara Brasileira do Livro, SP, Brasil)

Alvarenga, Maria Zelia de
  Ulisses : o herói da astúcia / Maria Zelia de Alvarenga, Sylvia Mello
Silva Baptista. -- São Paulo : Casa do Psicólogo®, 2011. -- (Coleção heróis
e heroinas da mítica grega)

  Bibliografia.
  ISBN 978-85-8040-093-9

  1. Arquétipo (Psicologia) 2. Simbolismo (Psicologia) 3. Ulisses
(Mitologia grega) I. Baptista, Sylvia Mello Silva. II. Título. III. Série.

11-08638   CDD-150.1

Índices para catálogo sistemático:
1. Ulisses : Leitura simbólica : Psicologia 150.1

Impresso no Brasil
Printed in Brazil

As opiniões expressas neste livro, bem como seu conteúdo, são de responsabilidade de seus
autores, não necessariamente correspondendo ao ponto de vista da editora.

Reservados todos os direitos de publicação em língua portuguesa à

Casapsi Livraria e Editora Ltda.
Rua Santo Antônio, 1010
Jardim México • CEP 13253-400
Itatiba/SP – Brasil
Tel. Fax: (11) 4524-6997
www.casadopsicologo.com.br

Fazemos deste livro uma homenagem a Joseph Campbell

SUMÁRIO

Apresentação da coleção **9**

Prefácio **13**

Ulisses, o herói da astúcia **19**

Introdução **21**

Todos precisamos do herói **25**

Por que "o herói da astúcia"? **27**

As regências míticas de Ulisses **29**

Ulisses e a instituição do código de honra **37**

A história de Ulisses **47**

Os ritos iniciáticos de Ulisses **57**

Diagrama: a família de Ulisses e Penélope **63**

Feitos e episódios **65**

Odisseia **75**

Canto I **79**

Canto II **83**

Canto III **87**

Canto IV **89**

Canto V **91**

Canto VI **97**

Canto VII **101**

Canto VIII **103**

Canto IX **107**

Canto X **115**

Canto XI **123**

Canto XII **131**

Canto XIII **141**

Canto XIV **147**

Canto XV **149**

Canto XVI **151**

Canto XVII **155**

Canto XVIII **159**

Canto XIX **161**

Canto XX **167**

Canto XXI **171**

Canto XXII **175**

Canto XXIII **179**

Canto XXIV **183**

Considerações finais **187**

Bibliografia **197**

APRESENTAÇÃO

O livro *Ulisses – o herói da astúcia* dá prosseguimento à coleção sobre heróis e heroínas da mítica grega. Esta coleção complementa o trabalho desenvolvido no livro *Mitologia simbólica – Estruturas da psique e regências míticas*.

O alicerce fundante dos vários volumes desta coleção será sempre a leitura prioritariamente simbólica do material. Importa lembrar que o enfoque simbólico aqui apresentado representa tão somente uma das possíveis leituras que se pode fazer sobre esse acervo inestimável da sabedoria universal traduzida pelos episódios míticos. A leitura simbólica será complementada, sempre que possível, com o relato dos vários mitologemas componentes do mito do herói ou heroína.

Essa condição, relato das várias versões de um mesmo mitologema, ou seja, as chamadas versões *canônicas* e as *não canônicas*, bem como os vários mitologemas componentes do mito[1], fornecerão elementos para explicitar, de maneira simbólica, o pressuposto que denominei *Caminhos arquetípicos*

---

[1] *Mito* é um conjunto de histórias, relatadas de geração a geração, traduzindo o entendimento dos povos que as criaram e tinham, nessas histórias, a forma de explicar como o mundo se fez e tudo aconteceu. *Mitologema* é o conjunto de várias histórias míticas que traduzem uma mesma temática (exemplo: mitologemas do rapto, mitologemas do nascimento virgem, ou da iniciação feminina etc). *Mitema* é a tradução de cada unidade constitutiva dos mitos e mitologemas, por exemplo, reconhecimento do herói pela cicatriz da perna.

de humanização e representa um recurso deveras importante para quem se ocupa do mito para o entendimento do material simbólico de seus pacientes. Sempre que se identifica um tema mitológico nas tessituras do material analítico, podem-se antever os possíveis caminhos a serem seguidos no processo de vida do cliente. Certamente, nem todas as sendas são venturosas; porém, se um final trágico se anuncia, a leitura simbólica poderá dar a antevisão dessa possibilidade, a qual se encontra retratada na temática mítica.

Por mais estranho que possa parecer, o mito pode ser olhado como tendo vários começos, muitos meios e os mais diferentes fins, em decorrência de suas muitas versões, bem como das interações sofridas por seus personagens ao incorporarem os atributos resultantes desses *relacionamentos*. Cada um dos caminhos seguidos, decorrentes da incorporação de um ou mais desses mitologemas e suas interações, é um possível caminho de humanização dos arquétipos aí representados. Em minha vida profissional, deparei-me algumas vezes com as *crônicas de uma morte anunciada*, antevistas nas entrelinhas do relato do cliente, relato esse permeado também com os caminhos trágicos anunciados pelos relatos míticos. E o conhecimento do possível mitologema que alicerça a "morte anunciada" foi de valor inestimável para a condução do processo analítico, uma vez que o mito também tem muitas saídas.

Outro elemento importante, fundamentador desta coleção, é retratar, com o auxílio dos vários mitologemas componentes do mito de cada herói ou heroína, a possibilidade de um caminho de individuação desses personagens. Muitos se realizam, outros não. E, assim, poderemos analisar e avaliar, com mais vagar, os caminhos que levam ao fracasso. Aprender, aprender sempre, por mais doloroso que seja, pois a compreensão do fracasso nos tornará vencedores.

Importante lembrar que o personagem mítico herói ou heroína congrega em si mesmo realidades das várias estruturas componentes da psique, segundo o referencial de Jung. Encontraremos nas passagens míticas o ego inflado, a sombra, as mais variadas manifestações da *persona*, as expressões da *anima* e do *animus*, as manifestações da Grande Mãe, as do arquétipo do Pai, com suas múltiplas variantes, quais sejam: o Soberano, o Comandante, o Pai pessoal, o Divino etc., todos manifestos ora por seus aspectos criativos, ora por seus aspectos terríveis. Mas, acima de tudo, inegavelmente, o mito do herói ou heroína será sempre a melhor expressão do arquétipo do herói e da heroína.

A coleção será composta de vários volumes, sendo muitos escritos com a colaboração de companheiros e companheiras de jornada.

Maria Zelia de Alvarenga

PREFÁCIO

O presente livro baseou-se fundamentalmente na *Odisseia*, de Homero, em diferentes traduções, e nas obras de Junito Brandão sobre a mitologia grega. Outra referência utilizada foi uma deliciosa descrição romanceada, *Odisseu: Uma vida*, realizada pelo professor de Estudos Clássicos da Universidade de Nova York, Charles Rowan Beye (2006). Os livros *Mitologia simbólica – Estruturas da psique e regências míticas* (Alvarenga, 2010) e *Arquétipo do caminho – Guilgamesh e Parsifal de mãos dadas* (Baptista, 2008) trazem o tratamento que temos tentado dar a este casamento entre a mitologia e a psicologia.

A leitura simbólica do mito, desta que é uma das mais encantadoras e envolventes aventuras de um herói grego, Odisseu, e sua longa jornada de regresso ao seu lugar de origem, onde o esperava Penélope, filha de Icário, será nossa prioridade. É por meio dos feitos e realizações que podemos entender como uma figura mítica se constrói e o que ela nos ensina, com suas metáforas, cujas correspondências vamos traçando passo a passo. Convidamos o leitor a fazer conosco este percurso, seguindo os cantos dessa incrível história denominada *Odisseia*, narrada por Homero. Destacaremos, de forma recorrente, alguns temas que se repetem e, exatamente por isso, chamam-nos a atenção para os detalhes significativos. Nada está na história por acaso, e tentaremos desvendar que possíveis intenções podem ali haver. Uma leitura simbólica trata de lançar um olhar além do dito, na intenção de compreender o que os elementos contidos em um texto, uma imagem, uma ideia, podem nos revelar. Carl Gustav Jung, fundador da Psicologia Analítica, além de grande pensador e perscrutador da alma humana, definiu *símbolo* como a melhor maneira possível de expressar uma ideia que, por si só, contém inúmeras facetas. Podemos olhar um conteúdo por incontáveis ângulos e ver diferentes significados. Quando um símbolo se esgota, passa a ser considerado um signo, um sinal, apenas um indicador. Os sonhos são campos férteis de símbolos, e nos instigam à compreensão, nem sempre tão simples e direta. Da mesma forma, os textos produzidos pelos homens trazem em si conhecimentos e mistérios, e uma leitura acompanhada da observância da presença de símbolos pode extrair, qual trabalho de arqueólogo, conteúdos e sentidos reveladores. Pelo viés da psicologia analítica, e na tentativa de iluminar um pouco mais o campo nebuloso de nossa consciência a respeito de nós mesmos, é que se funda este olhar. A forma grega do nome do nosso herói é Odisseu, enquanto que a romana é Ulisses. Priorizamos esta última por ser a que parece estar mais presente, ou mais próxima das nossas referências da mítica, mas eventualmente faremos uso da forma grega.

Ulisses é figura universalmente conhecida, herói grego presente nos alicerces da cultura ocidental, cantado pelos quatro cantos do mundo. Teve papel fundamental na guerra de Troia, conflito prolongado por dez anos entre aqueus e troianos e fundamento de tragédias e glórias de tantos outros heróis de quem guardamos lembrança, como Agamêmnon, Aquiles, Menelau, Ájax, Diomedes, Páris, Heitor, Pátroclo e muitos outros. Sem falar em Helena, propulsora mítica do grande conflito. Foi de Ulisses a ideia, inspirada pela deusa Atená, de construir o enorme cavalo de madeira e, com ele, introduzir os guerreiros aqueus no seio de Troia. Tal feito foi decisivo para pôr fim à sangrenta batalha.

Se, na *Ilíada*, Homero descreve o herói dotado de inteligência surpreendente e visão estratégica fundamental, fatores definitivos para a vitória dos aqueus, na *Odisseia* [1], nosso herói será protagonista de sua própria busca, em uma simbólica jornada pelo reino do inconsciente, traduzida, no mito, pelo acesso às terras misteriosas, confrontos com monstruosidades, descida ao mundo dos mortos, encontros com sereias, feiticeiras, reinos insólitos. Os deuses que se farão mais presentes nessa caminhada, eternas figuras primordiais arquetípicas, são Posídon, com quem o herói manterá confronto todo o tempo; Atená, a grande defensora dos heróis, companheira de jornada de Ulisses, sempre a encorajá-lo, mentora guia de seus projetos e ideias; Hermes, seu bisavô, modelo de astúcia e sagacidade, alerta constante para os perigos anunciados, e Zeus, deus supremo, coordenador de todo o processo, regente onipresente do espetáculo.

Sylvia Mello Silva Baptista
Maria Zelia de Alvarenga

---

[1] Segundo Robert Graves (1990a, p. 6): "Apolodoro, a maior autoridade clássica em Mitologia Grega, registra uma tradição segundo a qual o verdadeiro cenário do poema foi a costa da Sicília, e em 1896, Samuel Butler, autor de *Erewhon*, chegou independentemente à mesma conclusão. Sugeriu que o poema, como agora o conhecemos, foi composto em Depranum, hoje Trapani, no oeste da Sicília, e escrito por uma jovem dama autorretratada com o nome de Nausícaa".

Ulysses

O mytho é o nada que é tudo.
O mesmo sol que abre os céus
É um mytho brilhante e mudo
O corpo morto de Deus,
Vivo e desnudo.

Este, que aqui aportou,
Foi por não ser existindo.
Sem existir nos bastou.
Por não ter vindo foi vindo
E nos creou.

Assim a lenda se escorre
A entrar na realidade,
E a fecundá-la decorre.
Em baixo, a vida, metade
De nada, morre.

Fernando Pessoa

ULISSES, O HERÓI DA ASTÚCIA

INTRODUÇÃO

Joseph Campbell (1991) qualifica o herói como tendo mil faces, expressando, dessa forma, as incontáveis atitudes necessárias para enfrentarmos os infinitos desafios de nossa existência. O ser humano congrega em si a condição heroica, imprescindível para que o processo de individuação se faça. Certamente, cada herói explicita, de forma mais evidente, algumas características específicas, necessárias para os diferentes confrontos que a vida exige de todos nós.

O herói, seja como figura mítica, seja como figura arquetípica, pode ser compreendido e analisado pela polaridade pessoal ou pela polaridade coletiva. Olhado pela polaridade pessoal, o herói é um buscador de si mesmo, e esse processo retrata o movimento da psique na conquista da própria identidade, da própria individualidade. Assim, podemos pensar que não há como trilhar o caminho da individuação, se não tivermos o herói ativado em cada um de nós. Isso se dá em muitos momentos de nossas vidas. Olhado pela polaridade coletiva, a mais importante de todas as funções heroicas, na mítica dos povos, traduz-se pela condição de servir. O herói mítico serve à tribo, promovendo transformações da estrutura social em decorrência das aquisições ímpares que consegue. São as *sementes* renovadoras da produção de grãos; as *tecnologias* que tornam os esforços mais produtivos, os ganhos maiores e diminuem a carga de trabalho dos humanos, criando espaços para o lazer; são as ideias, valores, conhecimentos que se trocam.

Mas, mais que tudo, o herói propicia a abertura para a entrada da *anima*, possibilidade esta que representa, simbolicamente, a grande transformação sistêmica, pois a dinâmica primordial de caráter endogâmico abre-se para a exogamia.

O movimento heroico que traduz a abertura para a exogamia representa, simbolicamente, o combate à Grande Mãe devoradora, impeditiva dos movimentos de transformação. A Grande Mãe devoradora é aquela que retém os grãos de tal forma que os mesmos não germinam, a terra não mais produz frutos gloriosos, mas, pelo contrário, produz monstruosidades. A Grande Mãe devoradora, com seu filho amado, imerso em seu ventre, é a expressão maior do incesto, presente nas dinâmicas endogâmicas aprisionadoras. A emergência do herói transformador retrata um momento mítico, como também uma fenomênica ímpar da presença-regência do *Self*. O herói pontifica e se apossa da alma do filho adormecido no colo da Grande Mãe, reclamando ou exigindo que acorde e se levante, rompa com o hábito, com a acomodação, com a indolência. Por outro lado, e concomitantemente, a Grande Mãe criativa abre os braços e mãos permitindo ao filho partir, para difundir o grão retido, frutificar a terra, buscar o amor da amada nos braços do novo feminino. O herói abre caminho e a *anima* apresenta-se, sincronicamente, do momento do despertar do filho. Ao acordar, passa a *ver o que sempre esteve à sua espera.*

Assim, o herói pode ser também entendido como uma expressão da alma que trai o pré-estabelecido, atenta para os seus aprisionamentos e sente não caber mais no espaço que lhe foi destinado. Para permanecer nessa condição, o ser humano haveria de se manter encolhido, sufocado. Todavia a demanda pelo crescimento fala mais alto. Com o herói, a vida do homem dá o primeiro passo além do necessário; seja pelo acaso, seja pelo desafio, seja pelo engano ou pela arte, o herói será sempre o desbravador de novos caminhos. A mulher heroína, "traidora" da tribo de origem, encoraja-o e o ajuda na conquista de talismãs e no combate às monstruosidades. Ela é o coração que "en-*coeur*--aja*", enquanto ele é a mão que efetiva a ação.

Retomando a proposição de ser a tarefa heroica uma realidade que se consuma tanto pela polaridade pessoal quanto pela coletiva, atentemos para a correlação entre a natureza do processo encetado pelo herói e a natureza do processo de individuação. Jung expressa a ideia de ser o processo de individuação a condição de nos tornarmos competentes para sermos cada vez mais a nossa própria essência, para atualizarmos cada vez mais o que trazemos de nascença como aptidão e, concomitantemente, realizarmos em nós mesmos o que temos de mais coletivo. Dito de outra forma: quanto mais nos individuarmos, mais coletivos nos tornaremos. Individuar é ser a imparidade de si conjugada à condição de nos sabermos coletivos. Assim, o herói, inegavelmente, é a condição mestra para a realização e a atualização desse acontecer. O herói é o carro chefe da busca de si mesmo, do descobrir-se, do saber-se. Todavia, quanto mais nos soubermos, mais nos tornamos parte integrante do coletivo, como unidades reflexivas, responsáveis e estruturantes desse coletivo.

TODOS PRECISAMOS DO HERÓI

Precisamos do herói para combater os dragões da preguiça, da indolência e até mesmo da desesperança...

Precisamos do herói para sermos indulgentes, tolerantes e muitas vezes complacentes com tantos que vociferam, pedindo soluções que não temos, respostas às perguntas que não são nossas...

Precisamos do herói para levantar da cama e enfrentar o desafio de suportar a dor do cansaço que o corpo expressa ao carregar o peso dos dias...

Precisamos do herói para aprender a ouvir o soluço de quem chora, compreender a mágoa dos humilhados, e aprender com aqueles que olham para o vazio e não dizem nada...

Precisamos do herói para viver um dia após o outro, esperando pelo retorno do amado, pelo calor do abraço e a esperança do beijo roubado...

Precisamos do herói para acreditar no caminho anunciado pela estrela do amanhecer do novo dia...

Precisamos do herói para sair da anestesia que o conforto nos traz, da narcose que o desejo atendido nos provoca, da letargia que a ilusão de sucesso nos proporciona.

POR QUE "O HERÓI DA ASTÚCIA"?

Ulisses poderia ser olhado e traduzido como o "herói do retorno", ou o "herói do *nóstos*" – saudade da terra de origem, da qual a palavra nostalgia deriva. Todavia, como decorrência de seus atributos de personalidade, traduzidos por sua inteligência, argúcia, por sua sagacidade solerte, como a ele se refere Junito Brandão (1987), podemos então qualificá-lo como o herói das mil faces de *métis*, ou seja, da astúcia. Segundo Détienne e Vernant (2008), a palavra *métis* tem o sentido de "... uma forma particular de inteligência, uma prudência avisada" (p. 17). *Métis* é a astúcia e, portanto, a sagacidade, a prudência, a esperteza, a eficácia prática. E assim é descrito o herói Ulisses. Certamente, tais características de *métis* podem ser exercidas como expressões positivas e criativas da sua natureza arquetípica, bem como facetas negativas e destrutivas. A inteligência e a argúcia podem estar a serviço tanto de construir quanto de demolir.

AS REGÊNCIAS MÍTICAS DE ULISSES

Nossa proposição sobre as regências míticas da estrutura de personalidade de Ulisses aponta para a presença preponderante dos divinos Hermes, primaz da consciência; Atená, no complexo relacional, expressão inconteste de uma de suas *animae*, e Posídon, reclamante de integração, atualizando-se e exprimindo-se por vias sombrias, ou melhor, ainda sem espaço criativo na totalidade da psique. De outra parte, pensamos também em Héstia, deusa da lareira, do aconchego, da paz interior, da reflexão, expressão da sabedoria profunda do feminino, também não integrada, e Hades, deus dos Ínferos, a quem Ulisses teve que visitar literal e simbolicamente. Quando encetamos a leitura simbólica de nosso personagem heroico e propomos uma regência mítica para a personalidade de Ulisses, entendemos que as presenças dessas divindades retratam, certamente, atributos de qualidades de caráter de nosso herói, sejam as criativas como também as destrutivas. O pressuposto acerca das regências míticas da personalidade encontra-se suficientemente desenvolvido no livro *Mitologia simbólica* (Alvarenga, 2010). Todavia, ao longo deste livro tentaremos estudar e analisar, com vagar e minúcia, a importância da identificação dessas divindades primordiais, regentes e estruturantes do magnífico Odisseu.

Podemos dizer, inegavelmente, que Ulisses é um homem permeado pelo conflito, realidade expressa por sua estrutura mítica de psique. A primeira presença divina na regência da psique de Ulisses é, inegavelmente, Hermes (veja quadro na página 31), seu bisavô, modelo de astúcia e sagacidade, alerta constante para os perigos anunciados. Seguem-se as presenças de Ares, Dioniso e Ártemis apontando para a possibilidade de um vir a ser intensamente mobilizador.

Ulisses é um grande negociador, herói das mil artimanhas, líder inconteste, inventivo, com saídas criativas (Hermes). Algumas vezes, emerge a intempestividade, a arrogância, e uma disputa interna faz-se sentir em suas entranhas, como se tivesse que escolher entre a frieza do pensamento e a impulsividade da emoção (Atená e Ares). Com este último, seu atributo marcial, enfrenta seus confrontos, de forma corajosa e valente. Sua Atená, figura principal em seu quatérnio relacional, poderá ser intransigente e somente um Hermes na consciência, temperado por Dioniso, terá competência para torná-la mais flexível. Dioniso é a expressão de seu aspecto lúdico, brincalhão, algumas vezes com amorosidade, e confere ao herói uma ligação espiritual a sua causa. Assim, o retorno a Ítaca ganha, em seu trajeto, um cunho sagrado, embora sempre conjugado com os prazeres do corpo. A narcose, aspecto que será amplamente abordado por nós, liga-se diretamente a esse deus e a como Ulisses colocará em ação essa sua faceta.

A presença de Ártemis lembra um Ulisses caçador, domador de feras, ligado aos seus instintos. Aspectos guerreiros e negociadores entrecruzam-se e chocam-se na dinâmica desse herói prenhe de embates. A forma objetiva e certeira, com a qual aborda as questões que se lhe colocam, também se afina com a deusa flecheira. Dá a mão a esse feminino batalhador e independente, seguro em sua autoestima, para adentrar no universo das relações.

Sua estrutura relacional, composta por Atená, Hera, Afrodite e Posídon, qualifica-o como alguém que coloca o fazer, o conquistar, o reger, como realidades prioritárias. A lógica das decisões permeará suas atitudes – estuda, calcula, faz planos e executa com discriminação. A presença de Hera o fará preservar as instituições, os direitos, valores e princípios, desde que não interfiram em seus projetos. Sua Afrodite lhe dá uma conexão direta com tudo quanto sente ter *eros*. É a Eros que é fiel. Afrodite expressa seu lado sedutor, também cheio de artimanhas no amor. Seu aspecto Ares clama pela deusa do Amor nas relações. Ulisses sabe conquistar, quando deseja. O Deus dos Mares lhe desafia todo o tempo, com sua impulsividade invasiva, lembrando ao herói a arrogância que o constitui e que deve ser contida e transformada, para não destruí-lo. Traduz, simbolicamente, aspectos intempestivos e agressivos, que demandam integração como símbolos estruturantes da psique, concorrendo para a *coagulatio* de seu "processo de individuação".

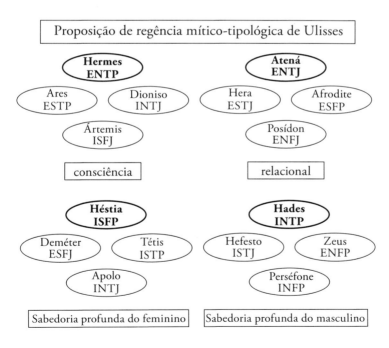

Sua regência do masculino profundo, traduzido por Hades, Hefesto, Zeus e Perséfone, e do feminino profundo, por Héstia, Tétis, Deméter e Apolo, retratam, em primeira instância, a busca por realidades que não são assumidas como suas. Em seus momentos de fechamento, ensimesmamento, exprime-se com certa tonalidade de tristeza, como se algo tivesse sido perdido e nunca mais pudesse ser recuperado (Hades e Hefesto). Seus reclamos, suas vivências subjetivas de abandono, tornam-no um aleijão (Hefesto) a par de uma grande dificuldade de exercer uma atividade de trabalho contínuo. Ulisses é um artesão. Todavia, sua ânsia pela guerra, não necessariamente mobilizada pelo poder (Ares), deixa Hefesto agoniado. No quatérnio do feminino profundo, encontramos as deusas mães reclamantes por espaço maior na consciência, ampliando a psique de nosso personagem com as benesses da Grande Mãe. As três deusas representam instâncias que estão mais distantes em Ulisses. Héstia – calor e continência, mas também distanciamento –, Tétis – desprendimento e respeito pela alteridade, como também narcisismo –, e Deméter – acolhimento e maternagem, bem como devoramento e restrição –, são aspectos de alma que ele precisará esforçar-se para expressar, exercitar, trazer à superfície, de preferência, em suas faces construtivas e luminosas. Se assim, representam a possibilidade de um Ulisses individuado, ocupando-se da família, de seu reino, de sua terra, de seus descendentes.

Além disso, a presença de três deuses introvertidos em seus feminino e masculino profundos aponta para a enorme necessidade deste herói voltar-se para seu mundo interno, corroborando ainda mais a ideia da iminência dessa longa jornada em direção a si mesmo.

É interessante notar também o caráter extrovertido em todas as regências de sua disposição relacional, indicando uma preferência de Ulisses por essa forma de relação com o mundo, além de um equilíbrio das regências da consciência. Tais fatos apontam para um herói de características deveras especiais e comprovam, por assim dizer, a preciosidade dessa expressão heroica que a *Odisseia* nos apresenta e permanece nos encantando há séculos. Mais detalhadamente, temos Hermes (ENTP), acompanhado de Ares (ESTP), Dioniso (INFJ) e Ártemis (ISFJ): duas disposições E (extroversão) e duas I (introversão), duas percepções N (intuição) e duas S (sensação), dois julgamentos T (pensamento) e dois F (sentimento), e finalmente duas preferências J (julgadoras) e duas P (perceptivas).

Se nos ativermos ao quatérnio *Hermes* (regente da consciência), *Atená* (regente da função relacional), *Héstia* e *Hades* (regentes das instâncias sabedoria profunda do feminino e do masculino, mas ainda na condição de estruturas do inconsciente), podemos pensar ainda numa outra composição anímica, que nos ajuda a entender o herói a partir de um novo ângulo.

Assim como Hermes é o deus dos caminhos e tem como uma de suas principais qualidades colocar o herói de volta a seu rumo, Hades expressa a direção mais instigante de seu percurso; o seu mergulho mais profundo no reino do inconsciente e da introversão. Podemos imaginar quão desafiadora e mesmo assustadora é essa figura mítica para um herói extrovertido como Ulisses. Toda a sua volta a Ítaca terá, como condição, a catábase e o contato com a interiorização, a solidão, a profundidade, o silêncio contidos em Hades.

Posídon, o quarto elemento de sua regência relacional, é quem fará as vezes de porta para essa experiência com o masculino profundo. Representa a polaridade complementar a Hermes, proporcionando ao herói os obstáculos que lhe cabem ultrapassar. Enquanto Hermes sopra no ouvido de Ulisses as direções a seguir, Posídon coloca pedras e faz desvios, dificulta e torna árdua a sua volta. De uma maneira própria, ambos levarão Ulisses à sua ilha.

Outra presença divina na estrutura psíquica de Ulisses, nesse quinto quatérnio levantado, é a da deusa Atená, sua grande defensora e companheira de jornada, sempre a encorajá-lo, mantendo-se como figura mentora, guia de seus projetos e ideias.

Atená é detentora da qualidade *techné*, atributo que, juntamente ao *fogo* de Hefesto, foram roubados do Olimpo por Prometeu, quando os homens ficaram sem receber dotes, por conta da divisão inadequada, promovida por Epimeteu, conforme nos relata Platão em *Protágoras* (1999).

Atená, sendo, por excelência, a deusa do pensamento extrovertido, engendra ideias e sonhos na psique dos heróis, com planos estratégicos, fazendo acontecer, entre outras coisas, a construção do famoso Cavalo de Troia. A deusa, preceptora explícita de tantos heróis, estabelece alianças anímicas e gesta as ciências, engendra tecnologias e promove a cultura humana.

Por fim, Héstia representa aquele feminino tão necessário para que o homem Ulisses possa retornar ao convívio do lar. O feminino de Héstia nos faz sentir saudades de casa. Ulisses, herói do *nóstos*, precisa da deusa da lareira para voltar e poder ficar. Todavia Héstia é tão silenciosa, doce e tranquila, representante insigne da sabedoria profunda do feminino, que reclamará por seu espaço no desenvolvimento da personalidade e na consecução do processo de individuação também de forma suave, talvez pouco perceptível; mas o fará a seu tempo. Se considerarmos Héstia como a contraparte de Hermes, aquela que cuida do interior da casa, enquanto o deus viajante cuida dos caminhos além dela, podemos entender como se harmonizam essas duas figuras em sua busca por Ítaca: ele, como ação no mundo, presente em sua consciência, ela como silêncio onipresente, urgindo ser integrada.

Este livro, ao apontar as filigranas decorrentes das regências míticas acima citadas, tem como objetivo a melhor compreensão do desenvolvimento da *personalidade* do nosso herói, se assim podemos dizer. A par disso, concorre para compreendermos o que consideramos de maior importância, ou seja, o modo pelo qual o processo de individuação de Ulisses se faz e os caminhos arquetípicos de humanização das estruturas regentes primordiais conjugam-se, realizam-se e atualizam-se. Esses caminhos arquetípicos de humanização explicitam as escolhas que o herói faz, traduzindo-se na vida de cada um como o destino que se realiza. Nossa compreensão é a de que o herói mítico autoimputa--se as tarefas necessárias para o cumprimento de seu processo de individuação. Se assim se der, parece-nos que a estrutura arquetípica do herói, quando pontifica os caminhos dos seres humanos, configura demandas próprias de sua individualidade, traduzidas por tarefas a serem cumpridas. Essas demandas e suas respectivas tarefas compor-se-ão como símbolos estruturantes do padrão de consciência dos seres humanos regidos por esses heróis.

A história de Ulisses retrata, de forma inequívoca, nossa proposição do herói, conforme dito acima, de autoimputar-se as tarefas necessárias ao seu processo. Senão vejamos.

ULISSES E A INSTITUIÇÃO DO CÓDIGO DE HONRA

Quando Tíndaro anunciou o propósito de sua filha Helena casar-se, uma multidão de pretendentes se apresentou: vinham das mais diferentes partes do continente helênico, e de ilhas adjacentes. Eram homens rudes, grosseiros, violentos, guerreiros, conquistadores, insubmissos. Cada qual tinha seu reino, suas posses, seus escravos, seus rebanhos, símbolos de suas riquezas. O ambiente em Esparta, no castelo de Tíndaro e Leda, tornou-se progressivamente mais tenso. O rei, dada a quantidade de pretendentes, temia fazer a escolha de um deles e, em decorrência, provocar revoltas e lutas marcadas pela violência, desafetos, vinganças e mortes entre os demais.

Os pretendentes, segundo Apolodoro (2004) eram:

> Odisseu [Ulisses], filho de Laerte; Diomedes, filho de Tideu; Antíloco, filho de Nestor; Agapenor, filho de Anceu; Estênelo, filho de Capaneu; Anfímaco, filho de Cteato; Tálpio, filho de Eurito; Meges, filho de Fileu; Anfíloco, filho Anfiarau; Menesteu, filho de Peteu; Esquédio e Epístrofo, filhos de Ífito; Polixino, filho de Agastenes; Peneleu, filho de Hipálcimo; Leito, filho de Alector; Ájax, filho de Oileu; Ascálafo e Iálmeno, filhos

de Ares; Elefenor, filho de Calcodonte; Eumelo, filho de Admeto; Polipetes, filho de Pirítoo; Leonteu, filho de Corono; Podalírio e Macaon, filhos de Asclépio; Filoctetes, filho de Peante; Eurípilo, filho de Evemon; Protesilau, filho de Íficles; Menelau, filho de Atreu; Ájax e Teucro, filhos de Telamon, e Pátroclo, filho de Menécio. (pp. 166-167)

O *modus operandi* da época era apoderar-se de tudo que pudesse despertar o desejo: coisas, territórios, animais, mulheres. Os olhos detectavam o objeto do desejo e a fúria, cega pela aquisição, fazia-se presente, atropelando o que estivesse à frente. O desejo, que vem dos olhos, fez, como continua a fazer, os homens empenharem-se em guerras por conquistas.

No mito, esse é o momento em que o objeto do desejo é "a mais bela mulher do mundo" – adjetivação pela qual Helena, princesa de Esparta, filha de Leda e Tíndaro, ou melhor, filha de Leda e Zeus, tornou-se conhecida. E, para tê-la, os pretendentes se matariam entre si.

Eis que o solerte Ulisses, componente da chusma dos desejosos, porém sabedor de suas precárias chances de ser escolhido como marido de Helena (o que o define previamente como um herói reflexivo, com atitude extrovertida e regência de consciência de tipo intuição-pensamento), antevê uma solução que lhe custará, no futuro, vinte anos de sua própria vida. O herói das façanhas e das oportunidades procura Tíndaro (Apolodoro, 1994, p. 168) e diz-lhe ter uma solução para o impasse, mas somente a poderá revelar em troca de favor especial. Tíndaro, depois de muito refletir, mas também assoberbado com a iminência de uma guerra entre os pretendentes, o que redundaria em muitos possíveis prejuízos para seu reino, acede à solicitação do herói: "Pois bem, meu caro! Qual a solução que propões? E, que queres em troca?"

Ulisses, sem muitos rodeios, explica ao monarca ter uma saída muito simples: bastaria congregar todos os participantes em um grande juramento de respeito e rendição à decisão tomada diante do impasse criado. De que forma?

- Em primeiro lugar, Tíndaro deixará claro a todos que a escolha de um dos pretendentes será exclusivamente da alçada de Helena (Eurípides, 1979, pp. 445-470).

- Em segundo lugar, ficará tácito, por compromisso entre todos os presentes, que a decisão de Helena deverá ser respeitada integralmente, não cabendo a ninguém o direito de discordar;

- Em terceiro lugar, ficará estabelecido que se, no futuro, eventualmente, alguém vier a transgredir o juramento realizado, todos os demais cerrarão fileiras em torno do escolhido para defendê-lo da ofensa.

Atentemos para a realidade simbólica: está criado o código de honra da dinâmica patriarcal. Com o que:

- Se um for ofendido, todos irão combater o ofensor;
- Não se pode desejar a mulher do outro;
- Palavra empenhada vale tanto quanto um fio de barba.

Ulisses configura, nesse momento, a instituição simbólica do código de honra, alicerce fundamental da dinâmica patriarcal. Mas, mais que isso, ao devolver ao feminino, à deusa, à mulher, o direito de decidir, está inaugurando os primórdios da dinâmica de alteridade.

Quando o coletivo emerge como força unificadora que sobrepuja as demandas individuais, estabelecendo regras a serem cumpridas; quando o coletivo determina quais direitos e deveres são de responsabilidade individual; quando o coletivo, na condição de poder instituído, determina que, em sendo o direito de um estatuído, os demais que não respeitarem essa condição, serão punidos na forma estabelecida pelas regras; quando o coletivo formula explicitamente que homens e mulheres têm direitos e deveres iguais, haveremos de concluir: o estado de direito está criado, fundamento inalienável da dinâmica patriarcal. Todavia haveremos também de inferir que, quando o coletivo é suficientemente competente para coagular todos esses pressupostos alicerçantes da dinâmica patriarcal como realidade do campo da consciência, a dinâmica relacional pós-patriarcal, dinâmica de alteridade ou dinâmica do coração, já se manifesta na condução do processo de individuação pessoal e coletivo.

O sistema psíquico, como um todo complexo, compõe-se de uma instância não conhecida na sua totalidade pelo consciente. A atualização do código genético realiza o estabelecimento da psique na sua condição ainda não consciente. A humanização se dá pelo estabelecimento da consciência.

O que qualificamos de dinâmica já está pré-estabelecido na totalidade da psique, como realidade do grande inconsciente. Na medida em que a consciência se estabelece como realidade, realiza a atualização do que já é na estrutura da psique global. Assim, na estrutura do grande inconsciente repousa a realidade da totalidade do ser quase expressa à consciência através de sonhos, fantasias, imaginação ativa, atos falhos, etc. Dessa forma podemos compreender que a realidade do inconsciente (expressa através de sonhos, fantasias, imaginação ativa, atos falhos, etc) seja e contenha um padrão (ainda não inteligível) de estruturação mais complexo que o da consciência vigente. O inconsciente, dessa forma, abarca, contém, adverte e orienta a consciência que se instaura. (Alvarenga, 2000)

Byington (1987), ao falar da evolução da consciência coletiva – para ele, tema altamente polêmico –, demonstra, com o conceito de ciclos arquetípicos, que estes traduzem uma forma de abordar certas características evolutivas da consciência, tanto individual quanto coletiva. O conceito de ciclo, para Byington, ". . . expressa a implantação progressiva de um determinado padrão de funcionamento da consciência . . . e mantém a ação do inconsciente coletivo durante toda a vida através do arquétipo regente que coordena cada ciclo" (p. 41).

Para Byington, os ciclos arquetípicos são quatro, elencados em função dos arquétipos que os regem:

. . . com a denominação de matriarcal – arquétipo da grande mãe –, patriarcal – arquétipo do pai –, alteridade – arquétipos da *anima*, do *animus* e do *coniunctio* quaternário –, e cósmico – arquétipo central . . .

A lógica patriarcal não passa pelo inconsciente; a elaboração de seus símbolos busca estender sua coerência por todo o campo consciente, formando um grande sistema que subordina ideias e determina ações deduzidas de planejamentos apriorísticos. Seu grande princípio de funcionamento não é mais o desejo e a fertilidade (ciclo matriarcal), e sim, o dever, a tarefa e a coerência, expressos moralmente pela valorização da palavra e de seu mantenimento, formando o complexo fenômeno da honra, da vergonha e da culpa patriarcal. Essa busca de coerência dá origem ao culto do nome familiar, ligado à transmissão da posse da propriedade privada através da herança . . .

A discriminação das polaridades dos símbolos é assimétrica e hierarquizante, e a maneira como ela é elaborada é uma das grandes características do ciclo patriarcal.

O ciclo de alteridade propõe o relacionamento igualitário e criativo e através deste ciclo o Eu caminha para atingir seu potencial pleno de relacionamento com o Outro e também de sua individualidade. Com isso a psique extrai o máximo do potencial simbólico e a polaridade Eu-Outro busca ocupar o centro da consciência, exercendo uma interação de mutualidade dialética criativa junto com as demais polaridades, inclusive a polaridade consciente-inconsciente. A nível individual, trata-se de buscar uma dialética de participação mútua de troca com o Outro na relação homem – mulher . . . (pp. 41-68)

Após digressão acerca das dinâmicas de consciência, voltemos a Esparta e aos conflitos do rei Tíndaro, gerados pelo casamento da princesa Helena, imortalizada pelas lendas como *Helena de Troia*.

Tíndaro surpreendeu-se com a sagacidade de Ulisses, apesar de se incomodar com a condição de passar às mãos da filha o direito de escolher o próprio marido. No seu entender, ou pelo seu referencial, este é um direito, como também dever e competência, do pai.

Talvez esta seja a forma que a mítica da dinâmica patriarcal encontrou para descrever o processo de transformação das dinâmicas de consciência. Como propõem Neumann (1990) e Byington (1987), na dinâmica matriarcal, a deusa soberana rege, determina, escolhe sobre tudo e todos. O feminino, ou a expressão da Deusa na mulher, decide com qual macho irá copular. O reino de Esparta carrega, em sua estrutura, os resquícios expressivos dessa condição primordial: sua rainha, Leda (mãe de Helena), ainda tem a competência das manifestações hierofânicas, apesar do consorte permanecer regendo ao lado da rainha.

Tíndaro, na realidade, é um príncipe consorte, tanto quanto o será o futuro marido de Helena, que permanecerá regendo em Esparta, apesar de a mesma ser irmã de dois grandes guerreiros – Castor e Pólux. Estes poderiam reinar como sucessores de Tíndaro, todavia serão Helena e seu futuro esposo que herdarão a terra.

Apolodoro (2004) tem, entretanto, outra versão para o fato, contando o seguinte:

Castor dedicava-se à prática da guerra, e Pólux à do pugilato, recebendo ambos, por suas valentias, o nome de Dióscuros, ou seja, filhos de Zeus. Os irmãos, desejosos de se casarem com as filhas de Leucipo, as raptaram de Messina, e as tomaram como esposas. De Pólux e Febe nasceu Mnesilau, e de Castor e Hilaíra nasceu Anagon. Os irmãos, sempre tomados de grande amor fraterno, empreenderam certo dia, na companhia dos filhos de Afareu, Idas e Linceu, a tarefa de levarem da Arcádia um rebanho, e encomendaram a Idas que as repartisse em quatro partes. Idas, entretanto, propõe um desafio sem o prévio consentimento dos demais: mata uma vaca e a corta em quatro pedaços, e diz que a metade do botim seria daquele que conseguisse devorar sua parte primeiro; quem terminasse em segundo, seria dono da segunda metade. Idas se apressou em devorar sua própria parte e, incontinente, devorou a parte de seu irmão. Na companhia deste, levou o botim para Messina. Os Dióscuros, revoltados, marcharam contra Messina, e recuperaram o botim – outro lote bem maior. Os Dióscuros armaram uma emboscada para Idas e Linceu, mas Castor foi visto e morto por Idas. Pólux perseguiu Linceu e o matou com sua lança. Porém, quando perseguia Idas, foi atingido por uma pedra e caiu desfalecido. Zeus fulminou Idas e levou Pólux para o Olimpo; Pólux, todavia, não aceitou a imortalidade enquanto Castor permanecesse morto. Zeus finalmente concedeu a ambos a graça de viver um dia entre os deuses e outro entre os mortais. (pp. 167-168)

E, continua Apolodoro, como os Dióscuros permanecessem ligados aos deuses, Tíndaro chamou Menelau e entregou-lhe o reino. Tíndaro aceitou a sugestão de Ulisses e fez a proposição ao grupo de pretendentes, os quais, passado o espanto diante da revelação insólita, do impacto causado pela emergência dos novos tempos, tomaram consciência do que não poderia mais ser contestado. Assim, as decisões deixavam de ser o espaço dos desejos e demandas primordiais, pessoais, para estarem submetidas aos interesses e decisões do grupo, do coletivo. A submissão ao estabelecido tornava-se ato decorrente de uma decisão por escolha da maioria, tornando cada um responsável pelos seus feitos – instauração de um padrão reflexivo de consciência –, sem a antiga consígnia do domínio de demandas cegas decorrentes de vontades supostamente divinas – regências primordiais arquetípicas entendidas como decorrentes da ação dos deuses. O compromisso foi, então, firmado entre todos. E, dessa forma, os primórdios do processo democrático estavam instituídos. O direito e a manutenção da posse estavam assegurados.

Helena rejubilou-se com as falas do pai. Precisava de tempo para avaliar, medir, comparar, sintonizar, ocupar-se de escolher. E a decisão recaiu sobre Menelau. Apolodoro (2004, p. 167), todavia, relata que Tíndaro aceitou prontamente os conselhos de Ulisses, mas, tão logo conseguiu as juras de todos os pretendentes, fez ele próprio a escolha do futuro genro.

O relato de Apolodoro, em muito posterior ao de Eurípedes, não parece combinar com o todo do mitologema, pois, se assim se desse – Tíndaro fazendo sua indicação –, perguntaríamos por que os candidatos haveriam de respeitar a *escolha* de Helena. Isto posto, no reino ainda sob a regência da deusa – lembremo--nos da competência de Leda, bem como de várias deusas, para assumir formas distintas de animais, quando em fuga ao assédio de Zeus –, quem escolhe o parceiro é a mulher, melhor e maior representante da deusa.

Ulisses fez seu pedido a Tíndaro: queria se casar com Penélope, prima de Helena, sobrinha do rei, filha de Icário e Peribeia, uma ninfa Náiade. O rei consente, e as bodas são realizadas. Ulisses levou Penélope para sua casa, em seu reino, na ilha de Ítaca, herança de seus pais, Laerte e Anticleia.

A instituição do código de honra define, claramente, o estado de direito com o que as leis serão instituídas; a vontade da maioria passa a prevalecer, e a declaração ou negação de um valor somente poderá se fazer pela anuência da maioria grupal.

A instituição do código de honra não significa, absolutamente, que a violência seja eliminada, mas assegura a qualquer um o direito de ter seu domínio defendido e protegido pelo coletivo, ou por quem o representar.

Ulisses, ao instituir o código de honra, criou para si mesmo a condição de compromissado com o futuro príncipe consorte a ser escolhido por Helena. O herói se faz, assim, responsável pelo futuro provável, criado pelas tessituras dos acontecimentos que estão por vir (Alvarenga, 2006), quais sejam: o rapto de Helena pelo príncipe Páris, de Troia; a necessidade de defender a honra de Menelau; o comprometimento de todos os conjurados em defesa do ofendido, e, finalmente, a participação imposta a si mesmo e regiamente cobrada por Palamedes e Menelau (Brandão, 1987, p. 293) para compor a esquadra aqueia, quando do avanço sobre Troia. Todavia fora ele mesmo quem propusera o trato.

Ulisses, simbolicamente, escolheu seu futuro, e colocou-se no caminho de cumprir a função do herói: retornar seu feito para o crescimento do coletivo.

O casal Ulisses e Penélope uniu-se em bodas, após o consentimento de Tíndaro, e passou à história como modelo de fidelidade conjugal. Ambos permaneceram ligados durante anos, ele sempre no desejo de reencontrá-la, e ela em uma espera incansável – pelo menos, na visão de Homero. Há outras possíveis interpretações dessa relação, que traçam diferentes destinos a tal prova de fidelidade e amor inabalável, das quais falaremos mais ao final. Têm um filho de nome Telêmaco, que mal conheceu o pai, pois Ulisses, cumprindo tarefa autoimposta, seguiu para a Guerra de Troia quando o filho ainda era um bebê. Os quatro primeiros cantos da Odisseia são a ele dedicados, referidos como "Telemaquia", e somente mais tarde incorporados ao poema.

A HISTÓRIA DE ULISSES

Ulisses é filho de Laerte e de Anticleia. Seu avô paterno, Arcésio, era filho de Zeus e de Euriodia. O avô materno, Autólico, era filho de Hermes. Há uma versão de que Anticleia já estava grávida de Sísifo quando se casou com Laerte. Acerca de Autólico, Junito Brandão (2000) nos conta ser ele "um dos mais astutos larápios e perjuros da antiguidade mítica" (p. 148). Possuía o dom de roubar sem ser percebido, tendo realizado incontáveis furtos. Duma feita, roubou o rebanho de Sísifo, outro consumado ladrão, que descobriu a façanha.

Conta a lenda que Sísifo incrustou letras do alfabeto nos cascos do gado. Enquanto Autólico as levava, no rastro deixado pelos animais, aparecia escrito no chão: "Autólico nos levou!" ou "Autólico nos roubou!" Sísifo não teve dúvidas: foi ele mesmo reclamar sua pecúnia e, ao fazê-lo, encontrou o reino do ladrão, engalanado com as festividades do casamento da filha Anticleia. Sísifo negociou a devolução do gado e possuiu a noiva, antes mesmo que seu futuro marido, Laerte, fizesse-o, engravidando-a de Ulisses. Assim, o pai mítico de nosso herói seria, na realidade, o astuto "colega" de Autólico, segundo denominação de Brandão (2000, p. 390).

O herói das artimanhas nasceu sobre o monte Nérito, num dia de temporal. O nome Odisseu lembra o verbo *"odýssomai"*, que significa: "eu me irrito, eu me zango". A razão de o herói portar esse nome é atribuída a uma passagem em que o avô, Autólico, em visita ao neto recém-nascido, irritou-se com homens e mulheres com os quais se deparou ao longo do caminho, aconselhando a filha Anticleia e o genro Laerte a darem o nome *Odysseús* ao menino (Brandão, 1987, pp. 290-291). Autólico traz à cena da visita, a emoção do instante. A leitura simbólica desse momento mítico leva-nos a pensar que a irritação e a braveza, contidas no nome de Ulisses, ou Odisseu, retratem o futuro confronto do herói com o deus dos mares, também conhecido como Treme-Terra, e famoso por seus inundantes acessos de raiva. Configura, portanto, um dos aspectos sombrios da regência de Posídon na personalidade do nosso herói. É possível inferir que um dos desafios de Ulisses *em seu processo de individuação* será elaborar e estruturar, tanto os elementos destrutivos quanto os criativos de sua psique, e colocá-los a serviço de seus objetivos. Lembremos, a seguir, o que Cordeiro (2010) relata sobre a tipologia de Posídon:

> . . . podemos descrevê-lo [Posídon] como um tipo sentimento extrovertido apoiado pela função intuição introvertida, ENFJ. A expressão de seus afetos é bem evidente, quando não, bombástica. Além disso, tem a dotação de empatizar com o que estão sentindo à sua volta. Ele entende de emoções. A intuição lhe confere o combustível necessário para a expressão do novo e inesperado. As imagens se condensam e se apresentam inspirando a sua atuação no mundo. A regência de Posídon promove inexoravelmente o contato com sentimentos profundos e emoções variadas, sejam elas facilitadoras do contato com o outro ou não, considerando, também, o ego como "outro".
> Pela classificação tipológica . . . ele seria um tipo ENFJ, o que lhe confere curiosidade por novas ideias . . . tem visão, *insight* e

imaginação para novas possibilidades . . . essa regência propõe à psique como um todo, e ao ego em especial, a constante elaboração da tensão entre as águas e o dique. Ao ego caberia a tarefa de controlar as comportas, e não se pode negar que isso gera competências especiais pela compreensão das nuances das águas. Uma pessoa regida por esse arquétipo terá a imensa tarefa de experimentar em si emoções intensas, profundas e confusionantes. No entanto, a possibilidade de contenção e o uso criativo dessas emoções também fazem parte do mesmo arquétipo, especialmente se houver um centro constante e norteador, como sugere a gesta de Ulisses. (p. 103)

No sentido simbólico, Ulisses carrega em seu nome o germe de sua identidade, seu mito pessoal, herança ancestral do avô materno que lhe conferiu aquele nome. Os caminhos arquetípicos de humanização de suas regências divinas comporão sua história de vida, retratadas em seus embates, escolhas, cegueiras, vaidades, coragem, inventividade, relacionamentos e muitos outros atributos criativos e defensivos, tanto os prospectivos quanto os regressivos.

Em sendo filho de Sísifo, o mais astuto e atrevido dos mortais, neto de Autólico, o maior e mais sabido dos ladrões, e ainda bisneto de Hermes, o deus também dos ardis e trapaças, o *trickster* por excelência, Ulisses só poderia ser mesmo, ao lado da coragem e da determinação e da inteligência exuberante – expressão inegável da presença de Atená e Hermes em sua regência mítica –, "um herói *polýmetis*, 'cheio de malícia e de habilidade', e um *polýtropos*, 'um solerte e manhoso' em grau superlativo" (Brandão, 2000, p. 469).

Hillman (1999, pp. 150-155), em sua obra *O livro do Puer*, ao se referir à ferida de Ulisses, levanta questões muito interessantes. Sobre o nome do herói, propõe uma derivação. Ulisses, em latim, é *Ulixes; o nome seria composto de duas raízes: oulos, com o significado de* "ferida", e *ischea*, que significa "músculo, coxa", ou seja, o músculo ferido é condição essencial de sua natureza, pois lhe confere nome. Foi educado por Quíron, como muitos nobres. Ganhou uma cicatriz na coxa, pouco acima do joelho, causada por um javali, quando participava de uma caçada no monte Parnaso. As caçadas a javalis eram vividas como rituais iniciáticos para os jovens em sua passagem para a vida adulta. Esse detalhe o identificará quando de sua volta a Ítaca. Tal fato se deu quando Ulisses foi visitar o avô, para receber dele sua herança. É ali, ao lado de Autólico, aquele que lhe deu o nome e se superava em jurar em falso e roubar, que ganha também sua marca diferencial, a cicatriz que lhe dá identidade.

Acerca do ferimento na coxa, vejamos o relato de Lima e Baptista (2007)

> O ferimento na coxa não é casual. É na coxa que Zeus instala o coração de Dioniso Zagreu para que sobreviva ao desmembramento imputado pelos Titãs; é também da coxa de Hera que nasceu Hefesto, prematuro. Este mesmo Hefesto cobiçou Atená, e na luta travada, o deus faber derramou seu sêmen sobre a coxa da filha de Zeus. O sêmen, depois jogado na terra mãe Geia, dará origem a um menino com cauda de serpente, de nome Erictônio. Atená assume seus cuidados.
>
> A coxa parece trazer o sentido de um vaso gestor. Ao lado disso, traz também o simbolismo do não completado, da ação inconclusa. O incubado, o grão reclamante de continente, vê-se exposto e carente de abrigo. (p. 170)

O fato de Ulisses ter sobrevivido ao evento (muitos rapazes morriam nesse ritual de passagem quando feridos), indica, segundo Hillman (1999), a conjunção do *puer-senex*, uma vez que a ferida sangrante do arroubo adolescente se consolida como cicatriz, marca de uma história dele constituinte.

Por conta do acidente com o javali, Ulisses demora-se ao lado do avô, e esse tempo estendido se repetirá muitas vezes em sua história. É como se Homero chamasse atenção para a duração de cada experiência, aquilo que ela requer para, de fato, ser integrada. Ao lado disso, Beye (2006) nos lembra do quão enfadonho era a vida sem novidades nas ilhas gregas, isoladas umas das outras, fazendo com que cada visita se tornasse um acontecimento plausível para adiamentos e alongamentos a serem saboreados.

Abramos aqui um parêntese, apenas para sublinhar o fato de que, quando olhamos para um mito, podemos observar algumas características que lhe são definidoras, pois lhe dão identidade ao se repetir várias vezes. Assim, convidamos desde já o leitor a ficar alerta a esses sinais, e ver ali algo particular desta história, e diverso de outras. É como se o próprio mito possuísse uma tipologia. Do mesmo modo, em nossas vidas podemos identificar mitologemas que se apresentam constantemente, por vezes ciclicamente, e que cunham em nós uma espécie de marca registrada. Vemos pessoas sempre às voltas com questões ligadas ao dinheiro, ou a somatizações, ou a dificuldades de desligamentos, em relações empobrecedoras, e uma infinidade de temas que somam o número de indivíduos que os encarnam, impossível de quantificar. Cada qual vive o seu mito. Aqui vamos jogar luz no de Ulisses, mas podemos usá-lo para fazer um paralelo com o nosso próprio, identificando em nós dramas por ele sofridos.

O avô o presenteia com um capacete com presas de javali, roubado de Amintor (Brandão, 2000, p. 148). Ulisses recusa o presente por não querer se lembrar do ocorrido; mas o elmo volta a ele na guerra de Troia, fenômeno sobre o qual podemos fazer uma leitura simbólica, indicando não ser possível esquecer as marcas e cicatrizes que nos constituem, por mais sofridas que elas possam ser. Se, em sua juventude, Ulisses precisou "apagar" de sua memória, ou pelo menos afastar dela, sua quase morte no confronto com o animal, em sua vida adulta essa recordação lhe chega como que por mãos divinas e o faz incorporar algo que sempre foi seu.

O momento mítico em que Ulisses recebe o capacete de volta está descrito na *Ilíada* (Homero, s/d, canto X, vv. 254-273)

Tendo assim falado, eles revestiram armas terríveis. O belicoso Trasimedes deu ao filho de Tideu um gládio de dois gumes (o dele ficara junto dos navios) e um escudo; sobre a cabeça pôs-lhe um capacete de couro de touro, sem cimeira, sem penacho, o "capacete baixo" como se diz, que cobre a cabeça dos jovens guerreiros. Meríones, esse, deu a Ulisses um arco, uma aljava e uma espada. Sobre a cabeça pôs-lhe um capacete de couro, no interior havia algumas correias fortemente esticadas; no exterior eriçavam-se em grande número brancas presas de javalis de dentes brilhantes, umas aqui, outras ali, habilmente distribuídas; o centro estava guarnecido de feltro. Era o capacete que outrora, em Éleon, Autólico roubou a Amintor, filho de Órmeno, quando lhe forçou o seu palácio sólido. Em Escândia, deu-o a Anfidamante de Citera; Anfidamante deu-o a Molo, como penhor de hospitalidade, e este o mandou levar a seu filho Meríones.

Nesta altura, foi Ulisses que ele protegeu, cobrindo-lhe a cabeça.

Ganhou de Ífito, filho de Eurito, o arco divino, com quem trocou sua espada e lança, num gesto de amizade. Com esse arco irá matar os pretendentes de Penélope, anos mais tarde. Após ter cumprido suas provas iniciáticas, ganha também o reino de Ítaca do pai, cujas riquezas eram, sobretudo, rebanhos. Como já dito anteriormente, sua praticidade fez com que se casasse com Penélope, filha de Icário e prima da cobiçada Helena. De alguma forma, Ulisses está ligado à Guerra de Troia em suas duas pontas. Foi para fazer valer a promessa pela qual Tíndaro permitiu a união de Helena e Menelau que as coisas encaminharam-se nessa direção. Com o rapto da princesa por Páris, o juramento sugerido por Ulisses foi lembrado e levado a termo.

Como todos sabem, a guerra entre aqueus e troianos deu-se a partir do rapto da mulher de Menelau, Helena, após Páris ter recebido de Afrodite a promessa de ter em seus braços a mulher que escolhesse. Isso se deu no "primeiro concurso de beleza da mítica", quando Éris, a discórdia "em pessoa", excluída de uma reunião olímpica, joga uma maçã de ouro (o famoso "pomo da discórdia") no centro dos convidados, com os dizeres: "Para a mais bonita". Concorriam ao título, Atená, munida de seu elmo e espada, Hera, a senhora de Zeus, e Afrodite, a deusa da beleza. A primeira ofereceu, ao jovem juiz Páris, inteligência e visão estratégica; Hera ofereceu poder, e Afrodite, a conquista da mulher amada. Páris não demorou muito a indicar seu dedo à terceira concorrente e a conseguir da deusa proteção para arrebatar Helena do marido aqueu. Tudo se desenrolou a partir deste fato, fazendo-nos juntar, em nossas mentes, guerra e amor e lembrar o vínculo profundo entre Ares e Afrodite.

Pode-se compreender o conselho do herói a Tíndaro como uma manifestação de sua poderosa intuição, condição tipológica[1] mais desenvolvida em Ulisses. O fato de encontrar-se no início e no desfecho da guerra de Troia corrobora a sua parentalidade com o deus dos caminhos – Hermes –, também aquele que ata e desata. Ulisses tem como mitologemas – ou temas míticos – marcantes no seu vir a ser o caminho e o caminhar. Está, como o bisavô, em constante movimento.

---

[1] Jung desenvolveu estudo tipológico onde afirma a existência de quatro funções da consciência – sensação, intuição, pensamento e sentimento – que se conjugam com duas atitudes do indivíduo em relação ao meio, a extroversão e a introversão. A combinação dessas funções com as atitudes compõe um perfil que orienta o indivíduo no mundo. Myers e Myers são dois irmãos que, a partir de estudos realizados por sua mãe Katharine Briggs, deram sequência a essas ideias e as ampliaram com a inclusão de disposições, bem como Alvarenga e colaboradores, onde unimos a mitologia grega à tipologia proposta por Jung e Myers. Para maiores informações, ver *Mitologia simbólica (Alvarenga e cols., 2010, op. cit.)*.

É possível destacar também que, quando se deixa de fora a discórdia, a tragédia se anuncia. Esse tema encontrado em contos de fadas retrata, simbolicamente, a exclusão do elemento sombrio ocorrendo por conta da emergência de incontáveis estruturas defensivas. Isso impede o confronto, e determina a paralisia de emoções que se mantêm sufocadas, sem espaço para a expressão (dis-córdia=sem sintonia do coração).

A exclusão da *discórdia* implica, simbolicamente, a inclusão da censura prévia e a impossibilidade da presença de quaisquer outros pressupostos que não os vigentes. Ao se excluir a *discórdia*, o estado ditatorial está instituído, a liberdade de expressão está cerceada, retratando, portanto, uma dinâmica patriarcal extremamente defensiva.

Ulisses tentou fugir ao compromisso de guerrear de todas as maneiras. Fingiu-se de louco ao semear sal em sulcos que abria na terra. Não enganou, porém, Menelau e Palamedes, que o desafiaram, colocando o pequeno Telêmaco na frente do arado. Imediatamente, desistiu de seu disfarce e aceitou a tarefa. Uma vez na guerra, dedicou-se a esta com afinco.

Talvez Ulisses seja um herói que queira levar vantagem e, em muitos momentos, beire a psicopatia, como nesse episódio em que põe em perigo a vida do próprio filho.

Podemos também entender essa tentativa de fuga da responsabilidade como uma manifestação de medo e de receio pela própria integridade, tão presentes em todos nós, seres humanos. Até os heróis têm medo. Psicologicamente, o *ego* se ressente da tarefa a ser enfrentada e usa de artifícios para dela escapar. O bisneto de Hermes, no entanto, não permanece amarrado ao medo e muda sua disposição quando a situação assim o pede. Veremos que, quanto mais próximo da experiência de Troia o herói estiver, mais observaremos nele truculência e grosserias que se amenizarão e se transformarão à medida que avançar em seu percurso de retorno. Este será o seu "caminho de humanização".

E por que, podemos perguntar, sua esquiva veio sob a forma de loucura, e não de fuga concreta. Parece-nos que a Ulisses só restava esta forma, uma vez que um herói de seu porte jamais fugiria à luta. Somente a loucura ou a insanidade pareceria, ao olhar de seus companheiros, minimamente plausível para tal fato. Seu lado embusteiro, advindo de seu parentesco com o deus negociante, faz-nos lembrar de pessoas que usam dessa artimanha em tribunais e cortes, no intuito de fugir às responsabilidades de seus atos. Alegar insanidade é dizer-se incapaz de refletir sobre as consequências do existir, e Ulisses não permanece nessa atitude, retomando rapidamente sua identidade e seu caminho em direção a uma consciência reflexiva, e, portanto, compromissada e coerente. Vale lembrar que, em sendo Ulisses o fundador do código de honra, cabe a ele fazer escolhas responsáveis, a partir das quais esteja implicado com o coletivo, sem se furtar aos chamados. Não poderia ser de outra forma.

De outra parte, vale lembrar também o fato de Platão, em *A República* (1970), quando do diálogo entre Sócrates e Glauco, relatar o mito de Er que, tendo se acidentado na guerra, foi levado aos Ínferos como morto. Alertado sobre não ser ali seu lugar, foi instado a tudo observar e, quando retornasse ao mundo dos vivos, contar o que vira. Pois bem, Er assiste ao fenômeno da distribuição de destinos: cada *eídolon* (poderíamos entender como alma) deveria escolher o seu. Entre tantas que lá estavam, Er visualizou a *eídolon* de Ulisses, sobre a qual Sócrates conta o seguinte:

> . . . pela memória dos trabalhos passados e já livre de ambições, andou buscando longo tempo a condição de seu agrado e a custo acabou por encontrar a da vida tranquila de um homem particular e sem preocupações, condição essa escondida em um recanto onde a haviam deixado todas as outras almas. E, vendo-a, exclamou que, se tivesse sido a primeira a escolher, não preferiria outra. (p. 296)

Vale descrever, nesse momento, um dos episódios mais negros da vida de Ulisses. Junito Brandão refere que o herói nunca perdoou Palamedes pelo incidente no qual se viu desmascarado quando tentava não se filiar à guerra e se utilizou de representação da loucura para fugir aos compromissos com o código de honra que ele mesmo criara. A vingança veio a ocorrer durante a guerra de Troia, configurando um episódio sórdido, urdido das maiores torpezas, inacreditáveis de serem atribuídas a um herói da categoria de Ulisses. Pois bem, conta o mito que Ulisses aprisionou um troiano e o obrigou a escrever uma carta, como se fora do rei Príamo, na qual havia o relato de Palamedes ter-se oferecido ao rei de Ílion para trair os helenos. Cuidou para que a carta chegasse às mãos de Agamêmnon. Ulisses também fez com que um escravo de Palamedes colocasse grande quantidade de ouro nos guardados do inocente herói. Agamêmnon entregou Palamedes aos soldados gregos que o lapidaram ou, segundo outra versão, Ulisses e Diomedes obrigaram o herói a descer num fosso profundo, enterrando-o e esmagando-o com pedras e terra (1987, p. 293).

Ulisses retrata, nesse episódio, a expressão de uma personalidade sem qualquer traço de humildade. Diante da situação de deparar-se com alguém tão inteligente ou mais astuto para conseguir desmascará-lo, não teve "jogo de cintura" para admitir a derrota, nem para levar a situação "na esportiva". Pelo contrário, Ulisses guarda o rancor por anos e vai urdir vingança pela qual desqualifica o herói Palamedes de suas virtudes: *areté* e *timé*. Provoca a morte do companheiro, sem piedade, sem misericórdia. Sua arrogância vai custar-lhe anos de vida quando, numa inflação desmedida, ofende a Posídon. No episódio Palamedes, podemos perceber a regência do divino Ares sendo exercida de forma sombria.

OS RITOS INICIÁTICOS DE ULISSES

Ainda falta muito sobre o que dizer do herói grego, segundo Brandão, principalmente porque, até o momento, é desconhecido todo o ritual concernente a sua necessária e indispensável iniciação (1987, p. 14).

Para Vargas (1987, p. 10), em seu prefácio ao terceiro volume de *Mitologia grega*, do professor Junito Brandão:

> O herói, como arquétipo, está sempre constelado nas grandes transformações. Assim temos o herói matriarcal implantando o dinamismo da grande mãe, fertilizando e organizando o mundo em função dos princípios de procriar, nutrir, cuidar e acolher. O herói patriarcal implanta sua lei, a moral espiritual, a palavra, a coerência, o sacrifício do espontâneo para se atingir um objetivo. O herói da alteridade implanta o respeito a individualidade, a busca do outro lado das coisas, da outra face, dos lados negados ou não desenvolvidos na consciência pessoal e coletiva. Finalmente temos o herói da sabedoria, da transcendência, que nos leva a enxergar o sentido da Vida e da Morte e a nos preparar para regressarmos ao Todo de onde viemos e para onde retornamos.

Joseph Campbell, em seu livro *O herói de mil faces*, relata:

Os dois – o herói e seu deus último, aquele que busca e aquele que é encontrado – são entendidos, por conseguinte, como a parte externa e interna de um único mistério autorrefletido, mistério idêntico ao do mundo manifesto. A grande façanha do herói supremo é alcançar o conhecimento dessa unidade na multiplicidade e, em seguida, torná-la conhecida. (2004, p. 43)

O arquétipo do herói, estando constelado nos momentos de transformação, mobiliza a psique, como um todo para a ação, condição básica para a estruturação da personalidade fazer--se e o processo de individuação consumar-se. Nos primeiros tempos de vida, será necessário deixar o útero materno, respirar, movimentar-se, alimentar-se, aninhar-se, encontrar continência etc. O herói certamente estará ativado, mobilizando interações com o arquétipo da mãe com demandas para parir, dar alimento, aninhar, dar continência. Precocemente, as demandas pela autonomia se fazem presentes: controlar o próprio corpo, os esfíncteres, segurar com as próprias mãos a mamadeira ou o copo, comer sozinho, os primeiros passos. Nesse primeiro tempo, herói e arquétipos da Grande Mãe e do Pai são como aliados para que as tarefas e os propósitos se cumpram. Todavia, num movimento sincrônico, ao mesmo tempo em que estabelece alianças, o arquétipo do herói, continuamente ativado, interagido e interagente com o universo que o cerca, briga com os arquétipos da Grande Mãe e do Pai, que protegem o filho dos perigos anunciados. O herói é certamente uma estrutura dotada de grande curiosidade e, na busca do conhecer e conhecer-se, explora todos os orifícios (do próprio corpo, das instalações elétricas, etc.), os cantos dos armários, gavetas, objetos que vê os pais depositarem em alturas aparentemente inalcançáveis, as cavernas, as árvores etc.

Chega o tempo de encarar o mundo e seus objetos fantásticos. Agora, o mundo exige que o herói se apresente para o enfrentamento das creches, escola, andar de bicicleta, patinar etc. Mais tarde, serão os desafios das poluções e da menarca. Quantas vezes, no desenvolvimento de todo ser humano, cada um se depara com o medo, as indecisões, os titubeios, os recuos, as vergonhas? O *ego* vacila, mas o herói, quando mobilizado, assume o comando, como complexo constelado. E assim o enfrentamento se dá.

A competência para que o arquétipo do herói se faça manifesto de forma criativa depende, assim entendemos, da estreita relação estabelecida por este arquétipo, ao longo da vida, com os arquétipos da Grande Mãe e do Pai, do quanto se sentiu acolhido, respeitado em seus limites e propósitos. As prepotências da mãe e do pai pessoais podem sufocar o herói de tal forma, que a paralisia e o congelamento podem se instalar na criança, com reflexos danosos para a vida toda.

O herói é um personagem mítico e configura a melhor expressão imagética do arquétipo do herói

É necessário salientar, todavia, que na mitologia do herói, encontramos no personagem expressões outras que não somente as do arquétipo do herói invencível. Vale lembrar o quanto o herói, muitas vezes, compromete-se com tarefas extenuantes, sem a anuência reflexiva do *ego*. E, quando a consciência do prometido invade o campo das constatações egoicas, o que se ouve, no mais das vezes, é: Onde estava eu com a cabeça para prometer tal coisa? Na mítica, os personagens heroicos também choram.

Depois da infância vem o adolescer, tempo de maturação endócrina, deliberar óvulos e espermatozoides, estruturar a psique e abrir-se para o incógnito. A adolescência é o tempo das mais insólitas transformações. Corpo, psique, espírito e todo o universo relacional cobram ao adolescente manter-se criança e, ao mesmo tempo,apresentar-se como adulto diante das responsabilidades da vida. O conflito permeia o dia e a noite; não há sossego, não há descanso. A consciência psíquica se faz instaurar, o corpo se transforma a cada dia, as demandas sexuais são tantas, as dúvidas sobre a vida e a morte assolam o âmago da alma, a decepção com as inverdades, a descoberta de que os ídolos têm pés de barro, os assédios de toda natureza, as cobranças pelo que fizeram ou deixaram de fazer, a vontade de morrer...

Nesse momento mágico da vida, podemos constatar a realização de uma nova aliança. O herói luta para superar o mundo da mãe e do pai, luta para sair da endogamia. Concomitantemente, *anima-animus*, arquétipos da constelação relacional, aguardam a chegada do arquétipo do herói. Na mítica dos tempos, a *heroína--anima* acolhe o herói emergente, concorrendo explicitamente para que o herói cumpra sua tarefa: matar o monstro do devoramento, expressão insigne do aspecto sombrio dos arquétipos da Grande Mãe e do Pai. O herói abre caminho para a manifestação anímica; entretanto, constatamos pelas expressões da mítica que a *heroína-anima* sincronicamente acolhe o herói numa traição explícita aos pressupostos da tribo de origem, constituindo-se numa expressão insólita da demanda por sair do endogâmico, das atuações e vivências incestuosas (Alvarenga, 1999).

O tempo da aliança do arquétipo do herói com os arquétipos relacionais tem longa duração. Para que a psique humanize o arquétipo da *sizígia*, ou seja, para que a conjugalidade se estabeleça e propicie o nascimento simbólico do filho do tempo novo, o herói mítico, tanto quanto a manifestação vivencial do arquétipo do herói, precisam cumprir tarefas que configuram ritos de passagem do adolescer para a vida adulta. Outros ritos de passagem permearão a vida de todo ser humano e a presença do arquétipo do herói será reclamada pela totalidade da psique em busca de seu incansável processo de individuação.

Nesse momento, porém, estamos nos ocupando dos ritos de passagem do herói Ulisses em seu processo mítico de cumprimento de tarefas que o autorizem fazer-se presente na assembleia dos adultos, quando então será reconhecido apto para adentrar no portal do conhecimento secreto. Ritos de passagem constituem fenômenos especiais na vida de homens e mulheres. Inegavelmente, em seu conteúdo e qualidade serão muito diferentes para os meninos do que os respectivos ritos de passagem para as meninas.

Os meninos enfrentam as tarefas dos ritos de passagem, confrontando-se explicitamente com o *medo insólito* que emerge na vivência do perigo, com a *dor física* e com o *enfrentamento da morte*. No caso de Ulisses,a caçada ao javali configura esse momento ímpar. A morte se apresenta para o herói atacado por um javali feroz, assustador, imenso. Há ali: *medo* diante da monstruosidade, *dor física* imensa por ter partes de sua coxa dilaceradas pelas presas da fera e, mais que tudo, o defrontar-se com a *morte* iminente. A caça ao javali conferia ao vencedor características simbólicas de aquisição do poder espiritual.

Todavia, apesar de ter matado o javali que o atacou, ter sua perna e coxa feridas – marca que carregará indelével em seu corpo, a cicatriz que lhe conferirá identidade e condição de reconhecimento pela criada, quando de seu retorno a Ítaca –, Ulisses não está pronto. Seu processo iniciático, seus desafios e tarefas a serem cumpridos, suas perdas e desesperos comporão sua longa viagem de retorno à terra mãe, descrito com detalhes no poema homérico *Odisseia*, matéria da qual nos ocuparemos na segunda parte deste livro.

DIAGRAMA: A FAMÍLIA DE ULISSES E PENÉLOPE

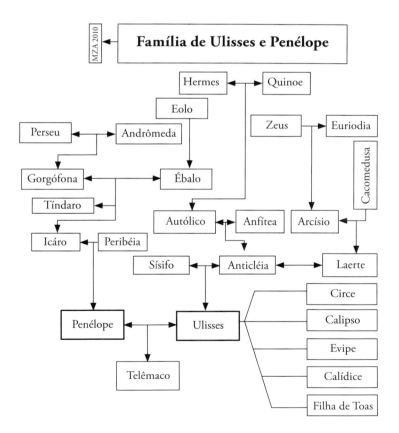

FEITOS E EPISÓDIOS

Dentre os episódios em que Ulisses tomou parte, podemos destacar alguns:

Sobre o *disfarce de Aquiles*: Tétis, a deusa mãe de Aquiles, escondera-o entre donzelas na ilha de Ciros, na corte de Licomedes, com o nome falso de Pirra, para escapar à guerra e à possível morte. Ulisses entra no palácio, disfarçado de mercador, e observa que a donzela ruiva tem a atenção atraída pelas armas, intencionalmente ali deixadas por ele, enquanto as demais jovens acudiam pressurosas para os tecidos e adornos. Ao fazer cair o logro do disfarce, Ulisses coloca Aquiles de volta a seu caminho natural, já profetizado por Tirésias. Quando Tétis consultara o vidente tebano, este respondera que o menino, no futuro, poderia optar entre uma vida longa e sem glórias e a morte triunfante na juventude. O desvendamento promovido por Ulisses ajuda Aquiles a se desprender da proteção materna e tornar-se um dos maiores heróis da guerra de Troia, imortalizado em memória. Esta é mais uma característica que liga o herói ao deus Hermes, divindade dos caminhos e dos viajantes: a capacidade de redirecionar o indivíduo àquilo que veio[1]. Dessa forma, Aquiles pôde lutar, sendo essa também uma das condições para o sucesso dos aqueus.

---

[1] Esta ideia está amplamente desenvolvida no livro *O arquétipo do caminho* (Baptista, 2008).

Sobre o *sacrifício de Ifigênia em Áulis:* aqui também a ação de Ulisses foi decisiva, para que uma tragédia maior não ocorresse. O herói percebeu as vacilações de Agamêmnon e Menelau ao verem Ifigênia chegar com a mãe, Clitemnestra. Ambas eram ignorantes do verdadeiro motivo que as levara ao acampamento bélico, em Áulis. Ifigênia fora convocada com o engodo de casar-se com Aquiles. Na realidade, porém, a jovem deveria ser sacrificada para aplacar a ira de Ártemis, ofendida por Agamêmnon, que matara uma corça, animal por ela consagrado, e se vangloriara por tê-lo feito melhor do que a própria deusa. Como castigo a tamanha arrogância do comandante Agamêmnon, Ártemis provoca a total calmaria dos ventos, com o que impossibilitava a partida das naus em direção a Troia.

Diante das vacilações de Agamêmnon e Menelau, Ulisses incita chefes e soldados contra os átridas, e o sacrifício de Ifigênia se dá. A deusa Ártemis intervém no momento crítico e substitui Ifigênia por uma corça, fato reeditado em outros mitologemas do *sacrifício do primogênito.* Se a morte da jovem heroína se desse, Agamêmnon, Menelau e Ulisses agravariam ainda mais suas cargas hamárticas, como nos conta Brandão (1987, p. 295).

Nesse episódio, vemos Ulisses direcionar a situação para o que acreditava ser imprescindível, apesar do sofrimento envolvido. Uma vez estabelecido que o sacrifício devesse ocorrer, voltar atrás seria desastroso para toda a coletividade. O herói age, aqui, movido pelo compromisso com o coletivo e pelo pacto com o divino. A hesitação causada pela emoção do momento não tinha lugar ali. Ulisses fez uso de seu atributo hermético de reencaminhar os personagens ao que a situação clamava. A própria Ifigênia reconhece a gravidade do momento e, ao observar a revolta dos homens, dá-se em sacrifício no instante final (Brandão, 1987).

Ulisses participou de inúmeros *conselhos dos chefes nas batalhas* para a conquista de Ílion, fazendo-se valer sempre de sua capacidade intuitiva, aliada a uma retórica contundente.

Também respondendo a um presságio oracular de que o herói trácio Reso poderia tornar-se invencível se bebesse das águas do rio Escamandro, Ulisses, com ajuda de Diomedes, surpreendeu o herói trácio dormindo e matou-o em um episódio denominado *Dolonia* – por ter sido Dólon, um espião troiano, quem deu a eles todas as indicações de onde encontrar e como penetrar no território inimigo. De outra parte, fazendo uso de sua fabulosa oratória, conseguiu entrar furtivamente em Troia e convencer Helena, casada com Deífobo após a morte de Páris, a trair os troianos. Para entrar ali, fez-se chicotear até o sangue, e se cobriu de andrajos, para se travestir de mendigo e ter sucesso em sua estratégia (Brandão, 2000, p. 473).

Nesses dois episódios, vemos Ulisses portador de uma retórica convincente; traz para perto o adversário, para com ele colaborar. É como se pusesse em uso os atributos que herdara do avô, a mentira e as falsas juras, mas isso se dando em função de um sentido pelo qual acredita e luta. É dessa forma que humaniza sua herança. Matar a possibilidade de invencibilidade de Reso significa matar na fonte o fim da batalha pelo dom divino. Morre aquele fadado a invencível ainda em seu sono. Há uma guerra a ser travada na luz da consciência. Ulisses deixa sem ação aquilo que Reso representa: a invencibilidade sem a experiência da luta e da conquista do êxito.

Sobre *a conquista de Troia*: segundo o mito, eram três as condições, ou requisitos para que os aqueus alcançassem a vitória sobre Troia: presença dos *ossos de Pélops* nos campos de batalha, a posse do *Paládio* e o retorno de Filoctetes aos campos de luta, com seu arco e flechas herdadas de Héracles.

Os ossos de Pélops estavam sepultados em Pisa, na Élida, região do Peloponeso. Durante a guerra de Troia, Heleno, filho de Príamo, aprisionado pelos aqueus, teria revelado a profecia de que, entre outras condições, "para a queda de Troia seria necessária a presença nos campos de batalha dos restos mortais de Pélops. Os helenos, de imediato, mandaram transportar-lhe os ossos de Pisa para a Tróada" (Brandão, 2000, p. 255), os quais, certamente, tinham o poder de um talismã. Como se sabe, os ossos dos heróis, sepultados no interior da *pólis*, dão a ela uma proteção e um caráter sagrado.

A segunda condição era conseguir a posse do *Paládio* que, segundo Brandão, é uma estátua dotada de poderes mágicos e reproduzia a imagem da deusa Atená. O *Paládio* representa um mito com muitas versões e de grande complexidade. Para Apolodoro, citado por Brandão, o *Paládio* de Troia teria caído do Olimpo, no tempo em que o herói Ilo se ocupava da fundação da cidade; tendo encontrado a estatueta enterrada no solo, quando o arava, e constatou que a mesma tinha os pés juntos, na mão direita uma lança e na esquerda um fuso. Por tê-la encontrado, entendeu-a como fenômeno sincrônico por reunir o símbolo da guerra (herói) e da paz, do lar (a mulher). Tomou o ídolo de madeira como um sinal de aprovação divina pela fundação de sua fortaleza e, em reconhecimento, construiu um templo para a deusa Atená, onde entronizou o ícone. Conta a lenda que o ícone foi entalhado por ordem da própria Atená. A deusa tinha como amiga a jovem Palas, filha de Tritão. Numa contenda de exercícios de guerra aconteceu um mal entendido e Palas teria agredido Atená, não fora a intervenção de Zeus. A jovem resta mortalmente ferida e Atená sente-se culpada. Para honrar a amiga, fez uma estátua com feições idênticas a de Palas, mas, de fato, muito semelhantes às suas. Finalmente, revestiu-a com a égide e tributou-lhe honras de divindade (Brandão, 2000). Nessa época, Atená teria incorporado o nome da amiga, tornando-se, assim, Palas Atená. Este ícone de Atená que, supostamente, protegeu a cidadela do ataque dos gregos por quase dez anos, foi roubado na calada de uma noite. Ulisses, Diomedes e o silêncio de Helena, que os viu entrar na fortaleza, conseguiram o intento: o *Paládio* passou às mãos dos aqueus, futuros gregos.

Restava fazer com que Filoctetes voltasse a lutar do lado dos aqueus, e levasse com ele de volta as *flechas de Héracles* que herdara do grande herói. Tal tarefa foi quase impossível, uma vez que o sofrido herói fora abandonado na ilha de Lemnos, a conselho de Ulisses e o consentimento de Agamêmnon, por ter sido ferido de modo incurável por uma serpente, e sua chaga exalar um cheiro insuportável. Coube a Ulisses e Neoptólemo (filho de Aquiles) convencer o herói a ajudá-los, como retratado na peça trágica *Filoctetes*, de Sófocles. Em outra versão trágica, que carrega o mesmo nome, de autoria de Eurípedes, Ulisses e Diomedes apoderaram-se de suas armas, por meio de astúcia, e Filoctetes não teve alternativa a não ser segui-los. O herói, companheiro dos últimos momentos de Héracles, retornou aos campos de batalha e foi curado pelos médicos Macaon e Podalírio, filhos de Asclépio. Sua primeira façanha teria sido matar Páris (Brandão, 2000).

Podemos compreender esses três elementos como expressões do pensamento mágico, pertinentes a uma dinâmica ainda de caráter matriarcal, carregados de *mana* e, portanto, com atributos de significado simbólico que os torna ligados aos deuses e heróis a eles relacionados. Os três elementos funcionam como talismãs, ou objetos de sorte a quem os possuir.

Pélops, protegido de Posídon, divindade que reina em todo percurso de Ulisses, é filho de Tântalo, regente rico e poderoso da Frigia ou Lídia, regiões da Ásia Menor, assim como Troia (Brandão, 2000, p. 400). Pélops é um renascido pelos poderes divinos e também ancestral mítico de Agamêmnon e Menelau.

O *Paládio* é a própria imagem de Atená e, entronizada no templo construído em sua causa, torna-se protetora da fortaleza de Troia. No momento mítico do qual nos ocupamos, o culto à deusa e a sua imagem encontravam-se "deslocados", uma vez que esta divindade era abertamente favorável aos aqueus, tendo guiado Ulisses em todos os seus passos. Por isso, diz o mito, Atená teria concorrido e facilitado as condições para que o *Paládio* fosse roubado por seu tutelado,Ulisses.

As flechas de Héracles, envenenadas com a peçonha da Hidra de Lerna e imantadas com a presença do herói-deus – podendo ser usadas somente pelas mãos de Filoctetes, que as herdou do próprio herói –, compunham o triângulo profético, necessário para a conquista de Ílion se fazer.

Em todas as participações de Ulisses nos episódios descritos, vemos o herói a pelear para garantir a presença dos deuses ao seu lado na grande batalha, mesmo quando usa da força. Faz sua parte naquilo que acredita ser o necessário para seu povo sair-se vencedor. Lembremo-nos de que o herói expressa, no mais das vezes, o verbo, a ação. Assim sendo, faz; não manda fazer nem se omite diante do desafio.

Foi Ulisses quem disputou com o grande Ájax – também conhecido como Ájax Telamônio –, nos jogos fúnebres de Aquiles, as armas do herói morto pelas flechas de Páris, espólio que deveria ser outorgado ao *mais valente dos aqueus*, conforme o anátema de Tétis. Agamêmnon, confuso, não sabia a quem premiar com o valioso troféu. Nestor, certamente instigado por Ulisses, aconselhou que os prisioneiros troianos fossem arguidos sobre quem mais mal causara a Troia. Por unanimidade, a resposta deu ao filho de Laerte a vitória. O grande Ájax, tomado de loucura após a derrota, massacrou um rebanho de carneiros, acreditando matar seus colegas gregos que lhe negaram as armas do pélida. Cometeu tal ato de insanidade, iludido por Atená, sabidamente defensora e protetora de Ulisses. Quando voltou a si, deu cabo da própria vida (Brandão, 2000, p. 473).

Vemos, nesse embate, a luta entre a força bruta e a inteligência estratégica, duas polaridades, cada qual com seu representante. Ájax, o herói à semelhança de Ares, representa a força corporal, a conquista através do confronto corpo-a-corpo, o lado mais instintivo e impulsivo presente nos combates. De outro lado, Atená, a deusa da inteligência aguda, e o uso do pensamento estratégico como forma de lutar e ganhar as batalhas, representa o ideal grego por excelência. Ulisses é o herói mais afinado com esta característica, à qual alia esperteza e argúcia de Hermes. Na disputa pelas armas de Aquiles, o mais justo seria Ájax herdá-las; mas a sagacidade de Ulisses vence o forte guerreiro pela astúcia. Ájax se sente ofendido em sua *honorabilidade – timé –* pois, apesar de toda bravura, vencedor em muitos embates, fiel e leal aos propósitos para os quais fora chamado, não tem seus méritos reconhecidos, seu trabalho recompensado, sua *excelência – areté –* honrada. O herói, nesse momento, é acometido de um sentimento qualificado pela mítica helênica como *aidós*, ou seja, a vergonha de não ter correspondido à expectativa do coletivo, como se não houvesse cumprido suas tarefas a contento, com o que fica sem reconhecimento, sem honorabilidade, com a *timé* desqualificada. Quando o herói deixa de receber os tributos que suas virtudes lhe conferem, suas forças lhe faltam, sua segurança se esvai, abrindo caminho para que a *ánoia* se instaure. E assim se dá: Ájax enlouquece, dizima um rebanho de carneiros julgando matar os companheiros que o traíram, num acesso convulsivo, segundo o mito, provocado por Atená. Retomando a consciência de si, envergonhado – tomado pela *aidós* – mata-se com a própria espada.

Brandão (2000, p. 46) fala em outra versão para o episódio de Ájax: este teria pedido a morte de Helena, adúltera e causadora da guerra, o que teria provocado a ira dos átridas. Ulisses interveio, salvou a princesa e a devolveu a Menelau.

Junito Brandão, em suas aulas encantadoras, contava, em tom de romance, que Menelau, depois de ter tomado Troia, invadiu o quarto de Helena com intenção de matá-la. A fúria o possuía. Certamente, ele sabia que a esposa fora raptada por Páris, mas, como é do conhecimento coletivo, o rapto sempre tem a anuência do feminino. Menelau também estava ofendido em sua *timé*. Mas eis que, ao se defrontar com a esposa, já de espada em punho, Helena delicada e sedutoramente deixa sua túnica cair, desnudando-se totalmente. Menelau, boquiaberto, larga a espada, toma a esposa nos braços e a conduz ao navio que os levaria de volta a Esparta.

Voltemos ao herói Ájax que, segundo o mito, também desejara a posse do *Paládio* e uma vez mais seu desejo foi-lhe negado, fato ocorrido pela interferência de Ulisses.

Nesta versão, é interessante atentar para a possível ânsia de Ájax em incorporar aspectos do feminino, presentes na cobiçada Helena. Por não poder possuí-la concretamente, o faz pela morte. Ulisses ainda não é o herói pós-patriarcal – ou seja, aquele que leva o princípio da lei e da ordem do patriarcado para uma dimensão além, onde reina o princípio da dialética e da troca. No mito, como veremos, sua longa viagem de retorno à Ítaca, permeada por terras e sítios fantásticos, imagens simbólicas de passagens pelo inconsciente, comporá um grande rito de passagem para um novo tempo de consciência. Ulisses e Ájax, heróis com sede de luta, novamente se confrontam. Uma variante do mitologema concede a Ulisses a façanha de resolver a situação, entregando Helena a Menelau de forma pacífica, tornando possível a *re-união* do casal.

Ainda neste episódio mítico de tantas nuances simbólicas, Ájax, ao desejar a posse do Paládio, intenta obter magicamente o poder da deusa dos olhos glaucos, beldade guerreira plena de inteligência estratégica, filha dileta do grande Zeus. O Paládio é expressão desse feminino, tão necessário para a completude do herói. Mas Atená não valoriza os meios por ele utilizados. Pelo contrário, o ensandece explicitando sua natureza bélica e indiscriminada. A capacidade de adiamento e de espera para agir no momento preciso é uma qualidade fundamental para o sucesso da guerra, e contrasta brutalmente com a atitude de Ájax, com postura muito mais próxima a de Ares. O atributo *da capacidade de adiamento e de espera para agir no momento preciso*, mostra a mítica, não vem pronto, como um presente ao herói, mas é por ele exercitado e conquistado à medida que vive as situações que o envolvem. Ulisses, certamente dotado de atributos decorrentes de sua regência divina, cultiva essa capacidade de espera. Os longos anos de guerra e de retorno a sua terra de origem, permeados pelo confronto com Posídon, retratam o maior desafio do herói; atentar para o seu modo destemperado de agir, elaborar a arrogância, a onipotência, suportar o sofrimento causado pelo canto das sereias reais e simbólicas que enfrentou, viver a dor do *nóstos* e tantos outros, como veremos na segunda parte do livro, quando nos ocuparmos da *Odisseia*.

A construção do *Cavalo de Troia*, seguindo um plano arquitetônico orquestrado pela deusa Atená é, sem dúvida, a melhor expressão de engenhosidade e coragem nunca antes vistas. Neste episódio, também se faz presente a capacidade de adiamento e visão estratégica. Destruir os próprios navios para construir o engodo "Cavalo de Troia" retrata a *métis* do herói, em sua plenitude maior. Há de convir que estejamos diante de um personagem genial. Mas, por outro lado, nosso herói também prima pelo descomedimento quando expressa seu lado negro, terrível, tão horrendamente humano, como são todos os que perpetram os piores crimes.

Segundo Brandão, Ulisses também se envolveu em crueldades, como a morte do filho de Heitor e Andrômaca, Astíanax, lançado de uma torre na tomada de Troia, e de Políxena, filha de Príamo e Hécuba, sacrificada por Neoptólemo, filho de Aquiles, ou por comandantes gregos, para que ventos favoráveis soprassem e garantissem o retorno das naus aqueias a seus reinos.

O retorno de Ulisses a sua terra de origem, Ítaca, é descrito com detalhes minuciosos na *Odisseia*. Nessa viagem conturbada por ameaças, surpresas, provocações, perdas, mortes, o herói se vê diante das tarefas "hercúleas" que compõem o seu grande desafio. É seu rito de passagem, ocorrendo em muitos planos, como veremos. A elaboração da sombra e a estruturação de sua personalidade fazem-se permear por embates, confrontos, tempos de espera, tempo de refletir. Mas, acima de tudo, concluímos ser Ulisses um herói vencedor, modelo de conquista pela inteligência, pertinácia, trabalho, coragem, liderança e tantas outras competências como talvez nenhum outro herói grego tenha expressado.

ODISSEIA

A *Odisseia* é, depois da *Ilíada*, o mais importante épico da Grécia Antiga, ambos atribuídos a Homero, um dos grandes clássicos da literatura grega. Foi composta provavelmente no fim do século VIII a.C., em algum lugar da Jônia, região da costa da Ásia Menor então controlada pelos gregos e atualmente parte da Turquia. O poema está centrado em Odisseu e sua longa viagem para casa, depois da queda de Troia. O herói levou dez anos para chegar a sua terra natal, Ítaca, após o término da Guerra de Troia, que também durou dez anos. Em sua ausência, presumia-se morto; sua esposa, Penélope, juntamente ao filho, Telêmaco, foram obrigados a submeter-se ao grupo de pretendentes, os *mnesteres* ou *proci*, que competiam pela mão de Penélope e pelo reino do herói aqueu (*Odisseia*, 2000, canto XVII, v. 327, canto II, vv. 174-176, canto XXIII, v. 2.102, canto XXIII, v. 170).

Segundo Fox (2006, p. 19), a obra continua a ser lida por todo o mundo, tanto no original, escrito no chamado grego homérico, quanto em inúmeras traduções para os idiomas atuais. O poema foi composto, originalmente, seguindo a tradição oral, por um aedo, provavelmente um rapsodo, e destinava-se mais a ser cantado do que lido. Os detalhes das antigas performances orais da *Odisseia* e de sua conversão a uma obra escrita continuam até hoje a inspirar debates entre os estudiosos. A obra foi escrita num dialeto poético, que não pertence a qualquer região definida, e abrange 12.110 versos, no hexâmetro dactílico. Entre os elementos mais impressionantes do texto, está a sua trama, surpreendentemente moderna em sua não linearidade, e o fato de que os eventos mostrados dependem tanto das escolhas feitas por mulheres, serviçais e escravos quanto dos guerreiros. Em português, bem como em diversos outros idiomas, a palavra odisseia passou a se referir a qualquer viagem longa, especialmente, se apresentar características épicas.

Passemos, assim, a falar sobre o período da volta de Ulisses a Ítaca, e suas aventuras por mais dez anos até conseguir o seu intento. São vinte e quatro cantos ou versos, que nos trazem o desenrolar de seu caminho e daqueles que lhe foram os mais queridos.Tentaremos identificar o que ali há de singular e que torna único o percurso deste herói. O pano de fundo de toda a Odisseia é, do ponto de vista simbólico psicológico, o *processo de individuação e a discriminação* que ele implica. Como em todo caminho heroico, a saída da indiscriminação e o desenvolvimento de uma consciência reflexiva são fatores presentes e absolutamente necessários.

Seguiremos, canto a canto, comentando os trechos e passagens, e ressaltando seu caráter simbólico. Vamos a eles.

CANTO I

Homero começa seu relato falando da deusa Atená que incita o filho Telêmaco a procurar o pai Odisseu. Atená é a grande companheira dos heróis e far-se-á presente ao longo de toda a Odisseia, sob diferentes disfarces, sempre trazendo coragem e confiança aos que ela protege.

Podemos pensar Telêmaco como uma hipóstase, prolongamento de Ulisses, como o são partes nossas os nossos filhos. Também ele é um pequeno herói, o polo *puer*, que se conjugará em Ulisses, com o *senex*.

A deusa disfarça-se no corpo de um estrangeiro, mas o ajuizado Telêmaco, como é descrito, intui a presença divina.

É interessante notar o quanto a deusa ou o deus falam pelas bocas de suas expressões hierofânicas humanas; cabe ao herói ou a quem estiver no caminho de uma aventura – que pode ser simplesmente a vida – intuir ali a presença do divino. A deusa não pode se manifestar diretamente, em sua epifania, ou aconteceria o mesmo sucedido a Sêmele, quando pediu a Zeus para se apresentar a ela, em todo seu esplendor, ou seja, em sua condição de totalidade: morreu queimada pela energia explosiva.

Quando o humano se depara com essas expressões epifânicas, ou seja, manifestações arquetípicas primordiais, ou melhor, emergências do *Self*, o sujeito corre grande risco de viver uma experiência desagregadora, de caráter psicótico. O inconsciente invade a consciência com tanta turbulência que o *ego* sucumbe. Podemos entender o episódio Sêmele como uma morte simbólica. Também pode ocorrer, nessas manifestações epifânicas, que o sujeito experimente um estado extático, contemplativo, de longa duração, para não mais sair dele. Ou pode ocorrer ao indivíduo assim permanecer por tempo prolongado e desse estado sair como se "iluminado" fora, tornando-se um pregador de valores e realidades místicas ou recolher-se a um monastério para "melhor" servir ao divino.

Odisseu encontra-se preso na ilha de Ogígia, sob o jugo de Calipso, uma ninfa que o cobiçava para marido. Enquanto isso, em Ítaca reina a desordem; falta lei que ponha fim à voracidade dos pretendentes de Penélope, que por meio da desculpa de desposá-la, dilapidam o patrimônio da família e vivem às suas custas. Telêmaco inquieta-se ao ver invadido, de forma tão abjeta, o reino do qual será herdeiro. A criada Euricleia, que o pajeou quando bebê e o viu crescer, é uma figura citada ao final do canto, no nosso entender, para lembrar que o feminino cuidador está presente, embora subjugado. É descrita como alguém especial cujo dono, Laerte, jamais tocou por temor à ira da esposa – era hábito os senhores de escravos fazerem uso de seus corpos, bem como de seus serviços braçais.

Euricleia faz companhia a Penélope, também aprisionada, mantendo ambas altivez e fidelidade a si mesmas. Essas características fazem lembrar o conceito grego de "virgindade", que nada tem a ver com a questão puramente sexual, mas sim com o fato do feminino virgem não se submeter ao masculino, e exercer-se por livre escolha. Pode parecer paradoxal e de fato o é. Estas duas mulheres são representantes de um feminino que ainda consegue alguma autonomia diante de um panorama onde impera uma dinâmica matriarcal indiscriminada, invasiva, inundante, de caráter eminentemente defensivo, sem a força e a espada discriminadora do elemento masculino que representam a ordem, a lei, o limite, direitos a serem exercidos e deveres a serem cumpridos. Ulisses está ausente.

As duas mulheres são como pequenas ilhas diferenciadas num mar confuso. Os pretendentes são homens que não trabalham e esperam que a vida lhes seja dada de graça. Estão inoperantes. Passam seus dias sem sentido, apenas sobrevivendo, à custa de uma promessa, presos a um movimento de pura *vampirização*. Este é, portanto, o clima inicial de nossa história: caos e indiscriminação. Ulisses encontra-se preso pelas graças de Calipso; Penélope está presa à ambição dos pretendentes e Telêmaco tenta se desvencilhar de sua adolescência. A ida dele em busca do pai simboliza a necessidade do masculino ordenador nesse contexto caótico. Além disso, ele precisa amadurecer e sair da dúvida: o pai vive ou não? Seus ritos de passagem estão a caminho. Rumores de que Ulisses ainda vive o ajudarão a suportar por mais tempo a sua ausência. Ficamos mais tolerantes, se vemos um sentido em nossa luta.

CANTO II

Telêmaco convoca os homens da cidade. Até o momento do início de sua fala, ninguém sabia quem iria fazer uso da palavra e com que propósito. Ele lamenta a ocorrência dos fatos passados em sua casa e o faz com emoção e raiva. Antínoo, filho de Eupites e um dos pretendentes, fala ao jovem sobre a devastação do reino ser de responsabilidade de Penélope, pois havia mais de quatro anos que ela ensaiava desposar alguém, e não o fazia.

Abrindo um parêntese, é bom recordar que não nos prendemos à exatidão das datas e do tempo referido, pois se trata de um tempo mítico, diverso do tempo linear cartesiano com que lidamos no cotidiano.

Como se sabe, Penélope, para despistar os homens em relação ao tempo, acreditando estar seu marido ainda vivo, começara a tecer uma grande mortalha para Laerte; pediu aos pretendentes paciência: somente quando terminasse o trabalho, faria a sua escolha. No entanto foi traída por uma de suas servas e flagrada desfazendo, à noite, a tecelagem realizada durante o dia. Desta forma, Antínoo denuncia as artimanhas de Penélope como as reais razões para a manutenção do caos e da indiscriminação reinantes.

Penélope repete, no tear, o mesmo movimento que Ulisses vive nos mares, não conseguindo retornar à casa, dando voltas sem direção. A diferença é ela o fazer de forma intencional, na tentativa de suspensão do tempo, nutrindo a esperança do retorno de seu amado. Antínoo chama a atenção para as consequências nefastas dessa "escolha". Ele irá pontuar, ao longo da história, a oposição, o "anti" que seu nome prenuncia, fazendo com que aqueles com quem se relaciona se posicionem. A escolha consciente pela repetição sem sentido ajuda a manter a desordem e o caos, a perda da energia que sangra no consumo desordenado do patrimônio. O reino e o poder que Penélope representa são cobiçados. A situação pressiona a rainha para uma decisão que ponha fim à indiscriminação, a definir uma direção, fazer uma opção, em detrimento de muitas outras possíveis, mas diferente da permanência no represamento em que se encontram. Se, num primeiro momento, a ideia da mortalha ajudou a suspender o tempo e assim fê-la suportar a ausência do marido, a demora nesse estado pode ser muito danosa. Abandonar a ideia de volta do esposo implica matar Ulisses dentro de si, aceitar um novo destino, dar novo rumo à vida. A hesitação de Penélope encontra terreno fértil neste cenário de falta de objetividade. O detalhe da mortalha tecida ser destinada a Laerte talvez simbolize um desejo inconsciente de Penélope de que a vida transcorra pelo caminho natural, onde o pai morre antes do filho, e não o inverso.

Haliterses, filho de Mastor, ancião e adivinho, previra anteriormente o longo tempo para o retorno de Ulisses acontecer: levaria 20 anos para voltar a Ítaca e viria sem seus companheiros. O "vidente" pressagiou também, a partir do voo de duas águias mandadas por Zeus, ser a permanência dos pretendentes naquela situação acomodada, causa de calamidade e morte, devendo cessar o quanto antes. E mais: Ulisses já estaria em seu curso de retorno.

Eurímaco, filho de Pólibo, entra em disputa com o ancião, dizendo serem besteiras as ditas e desafia suas predições. Telêmaco propõe ao conselho dos homens o fornecimento de um barco para sanar essa dúvida: Ulisses estaria morto ou vivo? A questão, se não resolvida, reforça o contexto de indiscriminação. O jovem herói pretende ir a Esparta e a Pilos indagar a mortais e oráculos, como o aconselhara Atená, a deusa da clareza de pensamento. O tema da viagem, portanto, também se repete. Mas esta também é a viagem de Telêmaco, que o fará amadurecer e voltar a Ítaca para lutar ao lado do pai, não mais como um adolescente dependente, mas numa condição de paridade. É preciso, para tanto, incorporar as regras, as leis, a noção de justiça, e as viver de fato. A anciã Euricleia quer demovê-lo da ideia; a ama representa o feminino conservador, em oposição aos riscos anunciados pela aventura da viagem. "Fica no quente útero materno, e não te arrisques. Permanece na polaridade *puer*, para se perpetuar em mim a polaridade mãe". O par *puer-senex*, como já foi dito, estará presente também na Odisseia, no encontro entre Telêmaco e Ulisses.

Telêmaco a tranquilizou dizendo estarem os deuses a seu lado, e assim Euricleia passa a auxiliá-lo.

A serva, como um duplo da mãe Penélope, não tem alternativa ao ver o filho de fato escolhendo pelo crescimento, mesmo implicando sérios riscos para si. A saída do filho "das barras da saia da mãe" depende, em grande parte, da sincronicidade entre a determinação daquele em ir em direção à própria aventura e a demanda de uma nova postura do feminino, conservador por natureza. Quando compreendemos que os filhos cresceram, cabe a nós passarmos da posição de lamentação à de auxílio. Haveremos de pensar que, quando o herói pontifica, as "ajudas divinas" far-se-ão presentes, expressas nas proteções ofertadas por tantas "coincidências" inesperadas.

Atená, disfarçada no corpo de Telêmaco, consegue os vinte homens para sua viagem. Posteriormente, fazendo-se passar por Mentor, leva o rapaz até o barco e dali partem todos no mesmo dia, sem que ninguém os impedisse.

CANTO III

Ao chegarem a Pilos, Atená exorta Telêmaco a perguntar a Nestor, o domador de cavalos, se teve alguma notícia do pai. O jovem acanha-se, dizendo não saber como fazê-lo, mas a deusa, na pele de Mentor, pede que confie. Basta começar, e as palavras virão. Na tarefa da passagem do jovem a adulto, é preciso acreditar na própria experiência como realidade transformadora. Sua tarefa não é fácil, uma vez que a pergunta "estará meu pai morto?" não pode mais ser adiada. Há que ter coragem para ouvir a resposta.

É interessante notar ser a primeira pessoa a quem Telêmaco se dirigiu um "domador de cavalos". Este detalhe nos fala, simbolicamente, de uma situação significativa. O cavalo é um animal consagrado a Posídon e, inclusive, tem filhos com essa manifestação hierofânica. Ulisses irá ter com a cólera de Posídon ao longo de toda a sua viagem. Chama a atenção o fato de Telêmaco ir obter informações do pai desaparecido justamente a alguém hábil em domar esse animal, ou seja, conter o seu lado selvagem, domesticá-lo. Esse será um ensinamento precioso para Ulisses: conter seus impulsos e colocar sua força a serviço de sua inteligência, domesticar seus instintos. Também Telêmaco deverá aprender com essa viagem a conter seu lado ainda mais próximo do polo instintivo, da juventude, e civilizar-se. Sair da pequena Ítaca e ver novos panoramas alargarão seus horizontes. Nestor de Gerenos lhe relata a morte de Agamêmnon e o aconselha a não se distanciar de sua casa por muito tempo. A viagem não deve levar mais tempo do que o necessário, ou seus tesouros serão usurpados por outros. Ou seja, aconselha Telêmaco a não se perder de seu objetivo primeiro. A saída de casa trará tentações, mas é importante manter a consciência de seus propósitos, e "não entregar seu ouro ao ladrão". Está a apontar ao jovem a necessidade de discriminar e de desenvolver uma consciência reflexiva. Diz a ele, em outras palavras: "Não viaje simplesmente; tenha clareza de seus passos. Não seja um mero turista em sua busca".

Aconselha Telêmaco a procurar Menelau, pois este voltava do exterior e poderia trazer alguma notícia. Segue-se uma oferenda a Atená. Nestor de Gerenos providencia cavalos que levarão Telêmaco e alguns companheiros a Lacedemônia, onde se encontrava Menelau.

Enquanto Ulisses navegava as águas revoltas de Posídon, Telêmaco cavalgava sob a proteção de Nestor.

CANTO IV

Menelau recebe Telêmaco com grande hospitalidade, lembrando ter sido, por muitas vezes, recebido por estranhos da mesma forma. "Servi-vos de comida e estai à vontade; quando tiverdes terminado, perguntaremos quem sois" (Homero, 2006, p. 42). Esta é a hospitalidade helênica: acolher o outro, sem saber quem é, e somente depois de dar-lhe conforto perguntar de quem se trata. Há uma crença de que, em qualquer um, pode haver um deus disfarçado. Esta ideia está presente em inúmeros povos e religiões, indicando a necessidade do homem reconhecer a onipresença divina. O reconhecimento da divindade, fazendo-se presente sob um manto humano, teria a capacidade de fazer o homem lembrar-se de sua humanidade frente ao mistério divino e, ao invés de projetar suas responsabilidades sobre o outro, assumi-las para si.

Helena, já de volta ao seu primeiro marido, intui ser o estrangeiro filho de Ulisses. Ela conta uma aventura do herói, por ela presenciada na guerra de Troia, quando serviu-se do disfarce de mendigo, para entrar na cidade inimiga e obter informações. Helena reconheceu-o, mas o acobertou. De outra parte, atribui a Afrodite o poder de tê-la seduzido a deixar Menelau para seguir

Páris, dando início a uma das mais sangrentas guerras descritas na mítica.

Menelau lembra a audácia de Ulisses ao liderar seus homens e os fazer entrar em Troia dentro do cavalo de madeira, sem poderem pronunciar palavra até o momento certo. Testemunha, assim, uma capacidade do bisneto de Hermes, no manejo do falar e do calar.

Menelau também deseja contar suas aventuras de volta à casa e de como precisou pedir ajuda aos deuses para conseguir retornar. A par de dar seu testemunho, compartilha com Telêmaco as agruras vividas em sua viagem de volta. O jovem faz, então, a fatídica pergunta: pede a pura verdade, se viu seu pai, vivo ou morto, depois de findas as batalhas. Menelau perguntara a Proteu, deus marinho, subordinado a Posídon, se seus companheiros estariam ainda vivos. O Velho do Mar, como é chamado, falou-lhe da morte de Ájax e de Agamêmnon. De Ulisses, disse apenas tê-lo visto pranteando na ilha Ogígia por a ninfa Calipso não lhe dar barcos para que voltasse.

Telêmaco não tem, portanto, sua resposta definitiva, mas se aproxima da realidade do pai e pode acrescentar uma imagem à fantasia sobre aquele que o gerou. Ulisses, além do herói guerreiro, é um homem aprisionado na ilha da ninfa. Em sua passagem de adolescente a jovem adulto, os dados a respeito do pai e sua história dão-lhe referência e sustentação fundamental para a construção de seu modelo de masculino.

Enquanto isso, em Ítaca, Penélope fica sabendo da partida do filho e da emboscada que lhe preparam Antínoo e Eurímaco para o momento de sua volta. Espera, agora, o retorno de pai e filho. É grande a sua aflição.

CANTO V

Este canto inaugura o relato a respeito de Ulisses propriamente dito. A partir deste ponto, nosso herói será referido constantemente por Homero como "Ulisses atribulado", nome que acentua o caráter de suas aventuras e o impacto delas sobre si. Nossa atenção depara-se, nesse momento da narrativa, com a ingerência de Atená levando seu pedido a Zeus para que intercedesse por seu protegido. O senhor do Olimpo a encarrega de conduzir Telêmaco a Ítaca em segurança, e manda Hermes a Calipso, com a incumbência de facilitar o retorno de Ulisses, uma vez que não é sua sina não ver mais os amigos, parentes e a casa.

A ninfa, que o salvara e o acolhera, ressente-se de prescindir de sua presença, e acusa os deuses de serem ciumentos ao verem outro deus feliz ao lado de um humano – no que ela tem toda razão, diga-se de passagem. Vejamos o caso de Deméter e Iásio, igualmente uma deusa e um mortal: quando a mãe de Coré conseguia um momento de pausa em sua depressão pela perda da filha e se divertia com aquele homem, Zeus o fulmina.

Calipso diz que não impedirá mais a partida de Ulisses, mas ele deverá construir seu próprio barco. Ulisses não mais se deixa encantar pela deusa nem mesmo por sua proposta de imortalidade. Ele anseia pelo dia do regresso, mesmo antevendo mais provas.

Do mesmo modo, Gilgamesh, rei de Uruk, herói lendário cuja história foi cunhada em tábuas de argila cerca de 2.000 anos a.c., em sua busca pelo segredo da imortalidade, para atravessar o rio da morte, precisou fazer sua embarcação e usou de suas roupas como velas. Estas coincidências indicam um tema mitológico arquetípico. Trata-se do trabalho pessoal de construção dos próprios recursos no caminho da individuação. Sem uma implicação pessoal e profunda, não é possível realizar a viagem (Baptista, 2008).

O herói, simbolicamente, acorda de longo sono: a inconsciência provocada pela saciedade e pelo conforto. Em vários momentos, essa mesma inconsciência fez e fará parte da história de Odisseu. Iremos apontá-la toda vez que se fizer presente. Vale adiantar, todavia, serem essas realidades inconscientes decorrentes de diferentes fenômenos: a saciedade e o conforto, como já dito, o tédio (na rotina esvaziada de sentido), e mesmo a prosperidade que, quando buscada como algo *per se*, é um movimento repetitivo também esvaziado de significado.

A expressão virá pelo sono e devaneio de Odisseu ou pelo esquecimento causado aos seus companheiros embriagados pela ingestão de poções e drogas – o lótus ou a beberagem de Circe. Há de convir serem os marinheiros de Ulisses nada mais que aspectos seus, vividos e integrados, pouco a pouco, em sua psique. Seja qual for a emergência desse estado abúlico, emergente pelos mais variados caminhos, o que vemos é uma anestesia do processo discriminatório e o afastamento da meta primeira, qual seja, a volta à terra natal, símbolo do si mesmo. A volta à terra natal, para a casa – *nóstos* – é a volta a um centro, uma centroversão e, dessa forma, a um núcleo subjetivo mais próximo a um eu essencial. A casa como um *lócus interno* pode, então, ser considerada um símbolo do *Self*. A narcose desses momentos traduz-se por um estado inebriado da consciência e contribui para coagular o aspecto mais conservador da natureza humana. A *Odisseia* retrata o esforço constante de Ulisses em realizar a *opus contra naturam,* assim denominada por Jung. A obra contra a natureza traduz o movimento de transgressão a essa ordem natural conservadora, que nos faz permanecer, estagnar, ao invés de transformar. Ulisses lutará contra esse estado de embotamento da consciência em muitas e diversas situações, para concluir sua tarefa.

Nos momentos em que nosso herói afasta-se e adormece, podemos também pensar em uma emergência de medo, sentimento extremamente humano que o assalta, sempre às vésperas de um desenlace tenso. O desejo e o medo da volta convivem nele, como em todos nós. O sono pode ter um caráter protetor, de recuperação de energias para a batalha a ser enfrentada, bem como um afastamento evitatório, que adia o confronto com a questão dolorosa.

Ulisses apresentará, por repetidas vezes, esses comportamentos, que acabam por se interpor. Durante toda sua jornada, o seu confronto com o temível senhor dos mares far-se-á presente e o sono o acometerá recorrentemente. O afastamento de caráter protetor o ajuda a não explodir em emoções, como uma respirada funda para uma decisão mais centrada. Pode ser entendido como sua estratégia para assimilar o aspecto Posídon em si mesmo ou para dar continência a esse lado "posídico", furioso e disforme que o ameaça arrebatar.

Além disso, tanto o prazer – da saciedade, do aplacamento das angústias e das necessidades –, quanto a sensação de poder divino – que viria com a promessa das sereias de dar a Ulisses a capacidade de prever tudo quanto se passasse sobre a terra, ou seja, tornar-se o próprio Apolo, deus da mântica, são vivências de negação da morte, enquanto a repetição ausente de sentido é a própria morte em vida. Em seu caminho, ele terá de aceitar a morte e transcendê-la. A perda progressiva de seus companheiros e sua chegada solitária a Ítaca indicam esse processo.

Voltemos a Ulisses e sua mais recente tarefa. Derrubou vinte árvores, desbastou-as e pôs-se a fazer das toras uma jangada, tal qual um carpinteiro experiente. Fez também velas com panos que Calipso lhe entregou; no quarto dia, seu trabalho estava acabado; no quinto lançou-se ao mar, depois da deusa tê-lo banhado e provido com acepipes, vinho e água.

Segundo Brandão (2000, p. 478), a deusa reteve o herói por dez anos, em outras versões, oito, cinco ou apenas um ano. Teria tido com ele dois filhos, Nausítoo – também citado como filho dele com Circe –, e Nausínoo. A raiz "*naûs*" significa nave, nau, e "*thoós*", rápido, donde o navegante rápido. A triangulação Zeus-Atená-Hermes é que liberta o herói e o coloca de volta ao caminho. À ninfa Calipso, só resta obediência aos deuses.

Posídon se enfurece ao saber Ulisses próximo ao país dos feácios, como se tivesse se distraído do seu intuito de infernizar a vida do herói. Este, ao ver-se novamente atingido por tempestade armada por Posídon, pressente o fim mesquinho decretado pelo destino e lamenta não ter perecido em Troia, onde teria exéquias e se faria famoso. As roupas dadas por Calipso o fazem afundar; é preciso desfazer-se delas, para conseguir emergir dos vagalhões.

Este mitologema, presente também em Parsifal e sua busca pelo Graal, retrata o momento de desfazer-se das roupas dadas pela mãe, libertação do complexo materno aprisionante, adquirindo competência para tornar-se, de fato, um herói. O feminino simbolizado na roupa ofertada pela mãe, que protege e abriga do frio, tem, por outro lado, o caráter de contenção dos movimentos, incompatível com a atividade do herói: haverá, pois, de sair do vínculo protetor e de acomodação para conquistar algo seu, próprio. A passagem do personagem arturiano da condição de filho devorado pela mãe, ou filho-amante, para dar emergência ao homem e herói do tempo novo, requer despir-se das amarras maternas para encontrar-se nos trajes de cavaleiro, como desejava e precisava ser (Baptista, 2008).

O desejo da morte gloriosa na guerra faz parte da dinâmica evitatória do herói, quando optaria, no imaginário, se possível fosse, pelo final heroico e grandioso, como forma de eternizar a própria imagem, sem passar pelas agruras e dificuldades da vida ordinária.

Ino, filha de Cadmo, transformada em Leucoteia, nas profundezas do mar, apiedou-se de Ulisses: instruiu-o a abandonar a jangada e nadar com seu véu sobre o peito em direção à terra dos feácios. Ao tocar o chão firme, deveria ele jogar de volta ao mar o véu protetor. Primeiramente, Ulisses recusa-se a obedecer, pois abandonar a jangada parece-lhe muito arriscado. É, de fato, um pedido de entrega, mais um despir-se e arriscar-se. Ulisses teme. Escolhe ficar agarrado ao madeirame da jangada, onde pensa estar mais seguro. Posídon não se faz de rogado e investe contra ele, para, finalmente, deixá-lo em paz. Vaga dois dias no mar. No terceiro dia, Ulisses chega à costa, mas ainda luta para achar passagem que não seja escarpada. Depois de muito nadar e pedir a sabedoria de Atená, chega à embocadura de um rio e se vê salvo. Joga de volta o manto de Ino, como prometido, e deita-se no meio da mata, abrigando-se como pode contra o frio e os animais. Atená verte o sono em seus olhos e ele finalmente descansa.

A travessia do herói foi penosa. Ino, representante do feminino, auxilia-o. Se, num momento, precisou despir-se das vestes de Calipso, encerrando assim um ciclo e se desapegando do ali vivido, Ino surge como personagem protetora, guia na tormenta enviada por Posídon. Por ser também um ser das águas, Leucoteia sabe aconselhá-lo e protegê-lo. Ulisses resiste à entrega, mas a força de Posídon o supera. Abandonar-se às águas, boiando, protegido apenas por um véu – mágico que seja – requer de nosso herói uma enorme coragem e uma firme crença nos seus auxiliares divinos.

A associação do elemento água ao sentimento é direta. O sentimento é realidade difícil para Ulisses, que pensa e intui o mundo. Não é à toa que, vivendo esse turbilhão de emoções, desejara morrer em Troia, laureado de glórias. Esta foi a escolha de Aquiles, ofertada pelos deuses. Mas a Ulisses não foi dada essa prerrogativa. Seu desafio era, justamente, permanecer, perseverar e tornar-se humilde.

Vale acrescentar que, com Calipso, precisou arar a terra, plantar, tosar ovelhas, ou seja, aprendeu a exercer-se como homem, transcendendo sua função guerreira. Este aprendizado trouxe-lhe conhecimentos antes ausentes e, portanto, enriqueceram-no em sua humanidade. A lida com a terra e com os animais abre-lhe percepções que se somam ao vivido e o completam. Ulisses aprende a ser regente e, portanto, responsável pela fertilidade e produtividade da terra e dos animais, condição fundamental para seus tutelados terem alimentos. Depois de tanto tempo em Ogígia, impedido de exercer-se como protetor de seu território, o tédio acontece, sendo outro indicador da narcose experimentada, de forma similar ao que ocorre com o fenômeno da saciedade. Os tempos de luta heroica e dos ritos de passagem estavam terminando. O herói, ao retornar, traz a semente de outras terras, a tecnologia de outros povos, a *anima* da renovação, a sabedoria decorrente das experiências vividas. Ulisses estava apto para se tornar regente.

CANTO VI

A cidade dos feácios era governada por Alcínoo, a quem os deuses concederam sabedoria. Atená se dirige a Nausícaa adormecida e traz-lhe um sonho onde sugere à jovem ir ao rio lavar suas roupas, acompanhada das aias, como deve proceder uma moça casadoira. Assim sucedeu, e as três foram ao rio, onde dormia Ulisses. Ali, uma bola lançada pelas meninas o acordou e ele pediu ajuda a Nausícaa. Contou sua história até chegar ali, e pediu-lhe compaixão. Ulisses estava nu. A princesa lhe dá roupas, comida e bebida, e se depara com um homem atraente após um banho reparador. Instrui o herói sobre como entrar na cidade sem ferir os hábitos do lugar. Não deve chegar a seu lado, para evitar comentários malignos. Antes, deve esperar em um bosque de choupos consagrado a Atená pelo tempo necessário para que ela possa chegar à cidade. Só então irá buscar o solar de Alcínoo, atravessar o palácio, e abraçar os joelhos de sua mãe, Areta – de acordo com o costume. Se a rainha sentir por ele simpatia, então poderia esperar rever seus amigos. Os feácios são um povo dado a barcos, remos e embarcações equilibradas, velozes como asas; não o são a flechas ou aljavas. Mas não suportam os estrangeiros.

Eis que um novo momento de aprendizado apresenta-se a Ulisses. A descrição dos feácios como um povo indisposto em relação a desconhecidos, alerta-o a chegar ao lugar com humildade e cuidados. É preciso acordar de seu entorpecimento. O banho ritual renova-o e o faz ser olhado como um homem desejável pela princesa. Ela é sua guia para tornar-se acolhido pela rainha. Ao feminino, compete esse papel de acolhimento; o destino de Ulisses está nas mãos de Areta.

Veremos como, ao longo de seu percurso, Ulisses estará integrando aspectos do feminino a partir dos contatos estabelecidos com as mais diferentes mulheres. A jovem mortal Nausícaa vem na sequência de outras duas importantes figuras: a feiticeira Circe, de quem se falará mais abaixo, e a ninfa Calipso, com quem viveu um largo período como esposo temporário, até Hermes resgatá-lo. Podemos pensar nessas quatro mulheres, Circe, Calipso, Nausícaa e Perséfone, como faces do feminino – a feiticeira, a ninfa-esposa, a princesa mortal e a rainha dos Ínferos. Ao encontrá-las, Ulisses incorpora aspectos necessários à consecução de seu retorno, preparando-o para retomar sua parceria com Penélope. Há nesse momento mítico a *coagulatio* de símbolos estruturantes do processo arquetípico de humanização.

É curiosa a observação de Beye (2006) sobre o fato de Circe e Calipso tecerem e cantarem, e interromperem o processo quando Ulisses se aproximava. São duas mulheres tecelãs – três, se incluirmos a própria Penélope –, arte na qual a deusa Atená se supera. O fenômeno da suspensão do movimento, do estancamento das coisas é descrito no episódio da descida de Orfeu aos Ínferos em busca de Eurídice. O cão de três cabeças, Cérbero, aquieta--se, tudo se acalma e até mesmo os castigos divinos infligidos a Sísifo, Tântalo, Danáides e Íxion são temporariamente detidos mediante o som da lira e da doce voz do herói. Tal fato nos leva a supor a presença de um *numem*, de uma força extraordinária para causar tamanho impacto. Ulisses é possuidor desse caráter carismático, do poder de se tornar uma presença em momentos marcantes, atraindo as atenções sobre si. Ele próprio cantará, em seguida, para os feácios seus dias passados com Calipso.

Lembremos que a *Odisseia* nos foi trazida por Homero em cantos e talvez a figura mais importante a seguir o herói seja o aedo, cantor e poeta sempre poupado nos confrontos bélicos, por ser quem leva adiante, pela via da tradição oral, as situações por ele vividas e presenciadas. A ligação das três importantes figuras Circe, Calipso e Penélope, com Atená e Apolo corrobora a ideia desses femininos estarem conectados.

Importante atentar para a condição de ser meio-dia quando Ulisses foi encontrado por Nausícaa. Tal fato aponta, simbolicamente, para o início de seu retorno em direção a si mesmo. O sol a pino começa o seu declínio rumo à noite e, psiquicamente, podemos pensar no final de um olhar para fora, para o mundo, de construção de grandes feitos, e o início de um movimento para dentro, onde o olhar recai sobre o sentido da vida, sobre o colher o que foi plantado. Talvez a admoestação de Nausícaa de que os feácios são um povo que não suporta os de fora indique, neste momento, o movimento introvertido necessário a Ulisses.

CANTO VI

CANTO VII

Mais uma vez, Atená conduz e instrui o herói. A rainha é uma mulher adorada por todos, capaz de dirimir as contendas, mesmo entre homens. Rei e rainha são parentes. Posídon unira-se a Peribeia e, com ela, teve Nausítoo, que reinou anos sobre os feácios. Rexenor e Alcínoo foram seus filhos. Rexenor, ainda recém-casado, foi morto por uma flecha de Apolo: deixou a filha Areta. Alcínoo desposou-a e a honrou. Ou seja, Ulisses será acolhido por descendentes de Posídon. Artimanhas do destino.

Ulisses entra no palácio dos reis e fica admirado com a riqueza do lugar. Atená o envolve em uma névoa e o leva até Areta, a quem o herói abraça os joelhos. Todos no lugar encaram-no quando já se encontra nessa posição. Ele louva o casal e deseja-lhes riquezas, bem como aos seus descendentes e súditos; para si, pede uma escolta que o leve de volta a sua casa. Equeneu, um dos mais antigos feácios, dele simpatizou e isto abriu seu caminho aos reis.

Ulisses conta sua história a partir de sua chegada na ilha Ogígia, após Areta fazer-lhe três perguntas: Quem és? De que lugar no mundo? Quem te deu essas roupas? A rainha reconhecera as roupas da filha. Ulisses nada esconde. Alcínoo expressou seu desejo de vê-lo casado com a filha, mas não se atreveu a obrigá-lo a isso, pois o povo feácio não o reteria, sabendo que a Zeus isso não seria desejável. Oferece, então, a Ulisses um barco veloz e homens remadores para levarem-no, no dia seguinte, com rapidez e segurança, a sua terra natal. Ulisses só tem a agradecer essa promessa. Agradece, também, à cama arrumada para dormir um bom sono.

É destacável, nesse canto, a perspicácia perceptiva da rainha em reconhecer as roupas oferecidas pela filha a Ulisses. A percepção, como já dissemos anteriormente, é a função inferior de Ulisses, seu modo menos desenvolvido e mais tosco de apreensão do mundo. Ulisses responde às questões com sua intuição, que lhe aconselhava não mentir nem tentar dissimular o antevisto pela rainha.

A oferta de casamento com Nausícaa caracteriza, simbolicamente, mais uma tentação no caminho do herói. As outras duas mulheres com quem Ulisses mantivera relacionamento em sua viagem de retornoa Ítaca, Circe e Calipso, fizeram parte da primeira metade de sua vida. Aceitar o casamento com a princesa seria desviar-se do chamado para seu encontro consigo mesmo. Mesmo porque, para essa relação havia um convite, ou seja, uma proposta explícita do rei para um Ulisses acordado, consciente de sua responsabilidade acerca das decisões tomadas. Seu destino está em suas próprias mãos. Lembremos, por outro lado, ser Nausícaa a expressão da juventude e beleza, em oposição à idade um tanto quanto avançada do herói. Ulisses contaria uma idade de quarenta anos, pelo menos; para esse tempo, era a idade de um adulto velho. Muitos casamentos desfazem-se nesse momento da vida de um casal, quando um deles, ao se ver confrontado com a perspectiva do sol declinante, projeta a juventude em um parceiro mais jovem. Não foi diferente na mítica. A permanência sedutora no lado luminoso estava bem ali e chamava-se Nausícaa. Mas Ulisses resiste e persevera em seu intento de retorno.

CANTO VIII

Alcínoo convoca 52 jovens para preparar a embarcação que levará Odisseu a Ítaca. Oferece a todos um festim, e manda chamar Demódoco, um aedo cego, sempre inspirado pela Musa, para cantar na lira os feitos gloriosos dos heróis. "Depois de expulsarem de si o desejo de comer e de beber" (Homero, 2006, p. 98). Demódoco cantou um episódio da discussão entre Odisseu e Aquiles, filho de Peleu. Ouvir o relato de seus feitos fez Ulisses chorar, mas envergonhado de fazê-lo na frente dos feácios, escondia o rosto com seu manto. Somente Alcínoo, sentado ao seu lado, ouviu seus gemidos e dispersou a todos, chamando-os para os jogos atléticos.

Ulisses sente-se desafiado por Euríalo, e lança um disco; Atená, disfarçada em um homem, assenta a marca, dando-lhe a vitória com folga. O herói passa, então, a falar de sua habilidade com o arco e o dardo. Sabe de seus limites e que não deve rivalizar com Héracles ou com Eurito de Ecália, que disputavam o arco até com os imortais. Apolo matou este último quando desafiado. Assim, Ulisses dá mostras de sabedoria e consciência da necessidade de respeitar o *métron*, a medida – uma regra básica e fundamental, cuja infração tem efeitos nefastos. Os feácios descrevem-se como impetuosos na corrida, hábeis mareantes e apreciadores de jantares, cítaras, danças, roupas limpas, banhos mornos e amores. Podemos pensar que a afinidade de Ulisses com esse povo se deva ao fato de ser ele também um amante desses hábitos, como se pudéssemos observar igualmente nele estes atributos.

Novamente o aedo canta e escolhe a história de amor entre Afrodite e Ares e a vingança do marido traído,Hefesto, para recitar.

Chamamos atenção para o aspecto da sincronicidade – a coincidência significativa, capaz de nos ligar a um sentido antes ignorado contido nessa cena. O aedo chamado a cantar escolhe, primeiramente, os feitos heroicos de Ulisses, e o seu embate com Aquiles, ambos considerados os maiores guerreiros da guerra de Troia. Isto talvez o tenha ajudado a manter-se em seu eixo e não se deixar enveredar pela oferta sedutora de mais uma permanência, uma vez que lembranças preciosas são evocadas. Os dois aspectos que mais fortemente o constituem são trazidos à cena: o guerreiro e o amante. Este último é aludido dentro da situação de traição, o que também pode ter provocado em Ulisses uma recordação e um chamado a ficar atento às próprias traições. Ceder à tentação da permanência com os feácios e ao casamento com Nausícaa seria trair a si mesmo e a seu destino.

O fato de Ulisses envergonhar-se, ao chorar, emocionado, aponta para a sua dificuldade em lidar com os assuntos dos sentimentos. O rei, com perspicácia e sabedoria, poupa-o de uma exposição desnecessária.

A figura do cego é bastante recorrente nos contos épicos e chama atenção para outra visão que não a sensorial. Os personagens cegos geralmente têm um papel oracular; enxergam com os olhos da alma.

No episódio mítico da exposição dos amantes – Afrodite e Ares –, foi Posídon, o deus Treme-Terra, quem se ofereceu para pagar a Hefesto tudo o quanto lhe era de direito, seu dote de casamento, pois seu laço com Afrodite fora quebrado. É também o único a não rir da situação flagrada. Se olharmos Posídon humanizado, a sua aflição para ver desfeita a situação, e libertar Ares, talvez pudesse indicar, se humano fosse, ter sido mobilizado por um complexo. O masculino aprisionado e exposto incomodou-o a ponto de pagar por uma dívida que não era sua, para ver-se livre da cena humilhante. Assim, coloca as coisas em seus lugares. Ulisses poderia ter se sentido tanto como Ares, um amante fiel a seus impulsos, bem como Hefesto, um marido traído e exposto. A canção de Demódoco sensibiliza-o e o faz refletir.

Depois da história, Hélio e Laodamante dançam e encantam Ulisses. Euríalo pede a ele desculpas por alguma palavra ofensiva, presenteando-o com uma espada. Areta também lhe oferece, como é do costume fazer ao hóspede, mimos para levar e ter boas recordações do povo feácio e sua estadia naquela cidade: dá-lhe uma arca onde dispõe um manto, uma túnica, além do ouro e vestes doados pelos feácios. Ulisses amarra a tampa da arca com um nó a ele ensinado por Circe, demonstrando, assim, sua capacidade de levar consigo aprendizados das aventuras vividas.

Ulisses retrata, dessa forma, a incorporação da sinistra Circe, servindo-se de atributos da feiticeira, de forma criativa; em sendo um nó, dá também mostras de seu parentesco com Hermes, o deus que ata e desata.

Agradece Nausícaa, que lhe salvou a vida. Pela terceira vez, Demódoco canta e, desta vez, o pedido é para que narre o episódio de Troia. O aedo o faz, começando pelo momento em que os aqueus estão dentro do cavalo. Ulisses se emociona e chora, como chora uma mulher, ao ver seu marido morto e ao ser levada escrava pelos inimigos. Somente Alcínoo percebe e pede publicamente que Ulisses diga seu nome e de onde vem, seu povo e sua cidade.

A escolha do aedo pelo momento decisivo da guerra de Troia – o cavalo idealizado e construído por Ulisses – também anuncia um desfecho próximo de seus conflitos internos.

O choro do herói tem significado importante. Ele vive mais intensa e livremente sua emoção. O choro expressa sua dor pelas perdas sofridas, seu medo de aprisionamento, de não mais ser dono de seu destino, de ficar submisso, de ver-se apartado de seu amor. Vemos aqui um momento em que Ulisses fantasia e se permite voltar para seu mundo subjetivo. Está ao lado de um masculino sensível, Alcínoo, que já o vira verter lágrimas toda vez que a música lhe tocava o coração. Há, portanto, um encontro especial entre esses dois homens e uma nítida diferença entre o guerreiro sanguinário que mata sem piedade no momento da guerra e este, que chora e se deixa mover pelo sentimento. O casal real pode ser entendido como representante das funções sensação introvertida (Areta) e sentimento extrovertido (Alcínoo), que são, em Ulisses, funções da consciência menos discriminadas (inferior e auxiliar, na terminologia junguiana). O contato com o par ativa essas funções. Ele sairá da ilha não mais com pilhagens, mas com presentes, riquezas ganhas de Alcínoo, que demonstram que se fez merecedor. Sua passagem por ali revela um homem transformado pelas vivências.

CANTO IX

O canto IX abre-se descortinando, na vida do herói, um momento mítico ímpar para o cumprimento dos fados. Ulisses chegara àquela ilha como um náufrago, semimorto, entorpecido pelo tempo em que estivera aprisionado à ilha de Calipso. Depois de ter chegado à terra dos feácios, na ilha de Esquéria ou Corcira, como era conhecida, havia de se pensar que a longa e penosa viagem de retorno a sua própria casa estava por se completar. O desafio de combater o inimigo dentro de seu próprio reino ainda estava por acontecer. Mas, para que os fados se cumprissem, o herói das mil faces de Métis ainda precisava da estruturação de um novo padrão de consciência. A construção cáustica da reflexão que constrói a consciência de si, se fazia pelos caminhos arquetípicos de humanização.

Ulisses, em nosso entender, ainda não sabe quem é!

Os cantos aédicos entoados, os relatos múltiplos sobre a guerra de Troia, as histórias sobre a construção do famoso Cavalo de Madeira que finalizou o assalto a Troia, as façanhas e artimanhas da conquista e destruição das muralhas intransponíveis, muralhas construídas por Posídon, o enaltecimento da própria figura do grande herói calaram fundo. Ulisses a tudo assistira e se emocionara, talvez sem atentar nos porquês das tímidas lágrimas. E, assim, aos poucos, nosso herói fora se incorporando de si mesmo, assumindo em si próprio a autoria das gestas relatadas. E, então, para seu espanto e encanto, o mistério descortina suas vendas. Era como um milagre! Ulisses acorda de sua longa e penosa incursão ao reino do inconsciente.

A estruturação simbólica encontra seu caminho, a luz se faz, a consciência se ilumina e o EU emerge na explosão da fala! Instado pela rainha Areta a dizer seu nome e de onde vem, finalmente se apresenta: "eu sou Ulisses!"

O herói levanta-se revigorado, mais lúcido que nunca.

O Eu torna-se soberano ao se reconhecer nos relatos das façanhas do poderoso Odisseu, até então julgado desaparecido, ou talvez morto, pois há muito não se tinham notícias suas.

"Eu sou Ulisses!"

É a explosão apaixonada de quem se sabe criatura e também criador de si mesmo. O grande prazer de saber-se, descobrir-se, decifrar-se!

O relato mítico revela-se grande preciosidade por descrever o fenômeno da estruturação simbólica na forja da identidade, expressando o nascimento do novo EU, pontificando a anunciação dos tempos da Alteridade, dinâmica do coração.

Inegavelmente para que nos saibamos na interrelação com o outro é fundamental que nos saibamos na interrelação com o nosso próprio outro; da conjugação dessas interações e interdependências emerge a consciência competente para a captação dessa realidade fenomênica.

Ulisses se sabe. Elogia o aedo por sua arte poética e inicia um longo relato: conta de seu aprisionamento pela deusa Calipso e pela senhora de Ea, Circe, ambas cobiçantes de esposá-lo. Fala dos ventos mandados por Zeus, que os tiraram da rota e os levaram a lugares incríveis. Foram dar na terra dos lotófagos, onde se alimentavam de flores do loto; quem comia delas não mais queria regressar, mas ali permanecer, sem pensar numa volta. Seus companheiros que experimentaram, foram arrancados à força e aos prantos e amarrados ao barco para poderem continuar viagem.

Aqui, podemos atentar para o tema da narcose que afasta o navegante do seu caminho de regresso. Regressar é buscar um eixo que se sabe presente, mesmo sem nitidez. Nesse caminho norteado pelo *Self*, os descaminhos acontecem com as seduções rebaixadoras de consciência, iludindo o *ego* com promessas prazerosas e transitórias. *Ulisses* resgata do esquecimento o masculino representado em seus homens e os coloca de volta à ação. Esta era apenas a primeira tentação, e deixar-se seduzir seria um completo fracasso.

Ulisses conta, a seguir, sobre a chegada ao país dos arrogantes e perversos Ciclopes – tradicionalmente identificado à Sicília. A descrição do lugar lembra o paraíso, como expressão de ausência de conflito. Lá, nada é plantado ou arado, e tudo brota. As leis são inexistentes e cada qual cria as próprias. Não visitam outros povos ou fazem qualquer tipo de troca. É o retrato da dinâmica matriarcal, onde a natureza, a Grande Mãe, apenas é. Graves (1990) aponta que os ferozes gigantes haviam esquecido a arte ferreira de seus ancestrais e restringiam-se ao pastoreio, desconhecendo mesmo a agricultura.

Tal referência os localiza, ainda mais, em uma era pré-patriarcal. O apontamento de Graves reforça a ideia de estarmos no contexto de uma dinâmica matriarcal, por ser a arte da agricultura unida à descoberta dos metais, como matéria prima para a produção de instrumentos e armas, marca uma importante passagem do desenvolvimento da civilização, onde o homem passa a criar leis de convivência e exploração, e a dinâmica patriarcal será marcante. Também há, na descrição de Homero, mais um dado a respeito do *esquecimento* como forma de distanciamento do processo de discriminação, que fará parte constante da estruturação da psique de Ulisses. No entender de Baptista (2008), o que Jung denominou de *processo de individuação* caracteriza-se por um intrincado desenrolar de desafios, que pede ao humano uma crescente discriminação e diferenciação, bem como o desenvolvimento de uma consciência reflexiva. Esta conquista está descrita na *Odisseia*.

Ulisses, na sequência de seu relato, refere ter escolhido doze companheiros para explorar a ilha. Conta das façanhas de entrar na caverna, onde um ser monstruoso apascentava rebanhos de cabras e carneiros e morava distante de todos. Seus companheiros queriam apenas roubar-lhe os queijos e fugir. Mas Ulisses queria mais. Sua curiosidade deseja ver o homem em pessoa e se ele lhe daria presentes de hospitalidade. O ciclope voltou e fechou a caverna com uma laje redonda enorme. "Vinte e duas carretas possantes de quatro rodas não a moveriam do chão" (Homero, 2006, p. 106). Ulisses apresenta-se como suplicante e hóspede, bem como seus companheiros, todos tementes a Zeus. Polifemo chama Ulisses ingênuo e diz-lhe serem os deuses realidades sem importância, uma vez que os ciclopes eram muito mais fortes que Zeus. Somente se seu coração pedisse, ele pouparia a Ulisses e seus camaradas. Tenta enganar o herói, querendo saber de seu barco, mas a astúcia do filho de Laerte o faz dizer que Posídon o despedaçara. O gigante, então, toma dois homens e faz deles seu jantar, devorando-os bem ali, à frente de todos.

Ulisses desafia o perigo ao ficar para ver o ciclope. A curiosidade do herói o diferencia dos companheiros, que desejam apenas a realização do desejo imediato, a saciedade da fome. Parece precisar constatar com os próprios olhos. Tem sede de conhecer. Podemos também pensar na sua função inferior, *sensação*, impondo-se, mesmo implicando perigo. Essa decisão custará, simbolicamente, a vivência crucial da perda necessária ao amadurecimento de sua psique. Se pensarmos os marinheiros como expressões ou duplos de Ulisses, podemos entender o quanto haverá de burilar sua existência, conviver com seus "membros" sendo devorados, seu corpo, mutilado, destrinçado nos dentes das forças titânicas de Polifemo. Na conversa com o ciclope, este o qualifica ingênuo e, de certa forma, tem razão. Ao mesmo tempo, Ulisses parece ter ativada a necessidade de ser solerte, sagaz. Não comungam das mesmas crenças e isso faz do ciclope um ser diferente. É movido pelo desejo e, carente de qualquer religiosidade, ou seja, não tem qualquer atributo de humanidade. É a força da criatura primordial contra a inteligência e a sagacidade estruturadas da psique de Ulisses como decorrência de seu processo de humanização. O ciclope Polifemo, apesar de filho de Posídon, é tão somente a expressão da primordialidade da natureza. Há que vencer a estratégia e o culto aos deuses, valores preciosos para os gregos.

Toda essa passagem remete também ao fenômeno da visão. O olho único de Polifemo denuncia a sua falta de perspectiva e visão limitada, sem noção de profundidade, no entanto, focada. Sendo o olho o órgão dos sentidos mais associado ao pensamento, Ulisses estaria, nesse momento mítico, em luta contra um representante do pensamento limitado e, portanto, em busca de uma maior discriminação tanto dos fatos quanto dos sentimentos.

Ulisses, quando aprisionado na caverna, vendo seus companheiros serem devorados, em pares, pela vil criatura, precisou reprimir sua ira e pensar numa forma brilhante de se livrar do monstro. E aconteceu! Aproximou-se dele e ofereceu vinho, bebida por ele ignorada. O vinho dado a Polifemo foi ofertado a Ulisses por Marão, sacerdote de Apolo, quando da tomada de Ismara, uma cidade da Trácia. O herói, em mais um de seus momentos sombrios, juntamente a seus companheiros, tomaram a cidade e mataram todos os habitantes, poupando apenas o sacerdote Marão. Este presenteou o herói com doze ânforas de vinho forte e doce, entre outras coisas (Brandão, 2000, p. 475). Ulisses furou o único olho do ciclope com uma tora pontiaguda de oliveira. Enquanto Polifemo urrava de dor e desespero, amarraram-se, ele e seus companheiros restantes, ao corpo das ovelhas também confinadas na caverna. O ciclope exigiu saber seu nome, e a resposta de Ulisses foi astuta: "Meu nome é Ninguém!". Polifemo gritou aos outros ciclopes das cercanias que, ao se aproximarem, perguntavam-lhe quem o havia ferido. Como a resposta fosse sempre "Ninguém", acabaram por se afastar. Polifemo moveu então a grande pedra da abertura da caverna e Ulisses e seus marinheiros, já atados ao ventre dos carneiros, passaram pelo gigante. O ciclope nem desconfiava que seus prisioneiros escapassem. Foram todos para o barco e Ulisses, no momento da partida, cometeu o grande erro: gabou-se, qual criança vaidosa, de ter enganado o gigante, gritando seu nome em alto e bom som: "Eu sou Ulisses!".

Portou-se como herói orgulhoso, desdenhando o adversário. Cantou vitória sem compreender que se tratava apenas de uma batalha, e haveria mais guerra pela frente. Agiu segundo a primazia das demandas e emoções mais primordiais: orgulho, vaidade, sentimento de onipotência e outras, mas a vingança tem também suas raízes nessa mesma instância da psique. Sua atitude infantil pode ser considerada uma *hýbris*, e Posídon, pai de Polifemo, não deixará por menos. Não suportou permanecer como "ninguém", e a vaidade e o desejo do ego de sobressair--se o empurraram de volta ao embate com o senhor dos mares. Ao dar autoria a sua fuga, deu também poder a Polifemo. É a incontinência do *ego* em querer ser reconhecido como determinante dos fatos. A ultrapassagem do *métron* é expressa e as consequências virão.

O ciclope, provocado e enfurecido, jogou o pico de uma montanha em direção ao barco, quase provocando nova tragédia, tamanha a onda causada pelo impacto. Polifemo revela a profecia de um adivinho, prevendo sua perda de visão pelas mãos de Odisseu. Ele esperava um varão alto, belo e robusto, e não imaginava um baixote, ordinário e fraco – em suas palavras – realizando o feito. Somente nesse momento, vem a revelação de ser ele filho de Posídon e da ninfa Teosa. Este episódio fala do perigo de desdenharmos o que vivemos. A idealização cega. Polifemo desconsiderou o profetizado e cometeu também a *hýbris* ao não pôr em dúvida as suas certezas sobre quem o ameaçaria. Agora, foi ele o ingênuo e apela ao pai por vingança, qual criança chorosa, agindo de maneira igualmente infantil diante da birra de Ulisses. A ofensa a Posídon, decorrente do castigo infligido ao filho ciclope, trará desdobramentos a Ulisses e ele deve preparar-se para isso, e não agir com a ingenuidade de Polifemo. Ulisses só terá consciência de ser o episódio onde cegou o gigante o agravante da ira incomensurável de Posídon, quando descer aos Ínferos para consultar Tirésias. Este revelará que tal fato foi determinante para que o Senhor das Águas, também conhecido como Treme Terra, dificultasse o quanto pudesse a sua volta a Ítaca.

Polifemo roga ao pai que Ulisses não chegue a sua casa. Todavia, se o destino determinasse seu retorno, que seu caminho até lá fosse o mais atribulado, com perdas irreparáveis de todos seus companheiros e, se assim se desse, que encontrasse seu lar envolto em problemas.

Nestes esconjuros, vemos o quanto há de respeito pelo arquitetado pelas Moiras. Morte ou sofrimento, esse é o vaticínio do ciclope para o herói. O caminho de volta à casa não será fácil e implicará em perdas, perdas necessárias, talvez, para Ulisses aprender a necessidade de render oferendas a todos os seus regentes, integrando-os como atributos conscientes de sua psique, deixando a condição de expressões sombrias de seu comportamento intempestivo, arrogante, onipotente.

CANTO IX

CANTO X

Continuando o relato, Ulisses conta terem chegado à ilha de Eólia, onde morava Éolo, intendente dos ventos, filho de Hípotas. Ali, ficaram por um mês, até Ulisses pedir para partir. Éolo deu-lhe um odre de pele de boi, onde prendera os caminhos dos ventos ululantes, já que era capaz tanto de aquietá-los quanto de movê-los. Somente o Zéfiro deixou para ventar. Chegaram bem próximos de seu destino, depois de nove dias de navegação, mas novamente a imaginação envenenada pela ganância levou seus companheiros a suporem haver ali ouro e prata, ou, em outras versões, vinho. A necessidade de controlar a situação todo tempo fez Ulisses experimentar a exaustão, dormindo no último minuto e dando chance para seus companheiros abrirem o odre e deixarem escapar os terríveis ventos, levando-os para longe de casa novamente.

Temos mais uma vez a narcose, agora através do sono, a agir para afastá-lo de seu caminho. Culpa os camaradas marinheiros, chamando-os ruins. A projeção em nome da isenção da responsabilidade tem consequências nefastas. Os companheiros de Ulisses parecem ser aspectos do herói que atuam e experimentam, em seu lugar, situações de ultrapassagem do *métron*.

À medida que incorpora determinados atributos, esses homens vão morrendo, até chegar sozinho a Ítaca, como pedira Polifemo a seu pai Posídon.

Aqui também surge um traço da personalidade de Ulisses, seu lado controlador. Toma conta dos ventos aprisionados, e não compartilha da tarefa com nenhum dos companheiros. Somente ele poderia realizar o feito, podemos concluir. Mas ainda não foi capaz de fazê-lo por completo. Assim, é forçado a se dar conta de suas limitações e impotências.

De volta a Eólia, foram execrados por Éolo e sua esposa, pois se mostraram abominados pelos deuses. Eram a prova viva do desrespeito ao divino, fato inadmissível. Além disso, não custa lembrar ser o ocorrido – voltar ao ponto de partida – considerado como retroceder sobre os passos dados, uma espécie de morte, de fracasso no desafio de ir adiante. Essa atitude é vista pelos deuses como um desvio do caminho, um desrespeito ao propósito maior de trilhar em direção a si mesmo.

Navegaram seis dias para chegar à cidadela do rei Lamos, rei dos Lestrigões, em Teléfilo, na região noroeste da Sicília. Dois companheiros seguiram uma jovem que tirava água de uma fonte até a mansão do rei Antífates, que fez de um deles seu jantar! Ao rei, juntaram-se inúmeros homens, semelhantes a gigantes, tão grande eram, e apedrejaram os barcos estacionados no porto. Ulisses amarrara sua embarcação em outro local e a ele se dirigiu com alguns colegas: conseguiram safar-se, remando rapidamente para fora daquele local terrível.

Há, nesta passagem, a menção ao canibalismo, indicando que se trata de povo bastante primitivo, reedição do ocorrido com a tripulação na terra dos Ciclopes. Uma vez mais pontua sobre a perda de homens e navios: resta, nesse momento, tão somente a nau ao herói. A sagacidade de Ulisses demonstra ser muito desastroso chegar a uma situação nova com ingenuidade, sem atentar para os possíveis perigos. Ter deixado seu navio em local protegido fala da intuição astuciosa do herói, atualizando um padrão de consciência que vê além das aparências.

Chegaram à ilha de Eeia, pesarosos pelos companheiros perdidos, mas felizes por não terem morrido. Nela, vivia Circe, deusa terrível, irmã de Eetes, o funesto, filhos de Hélio e Perse, filha de Oceano. Ulisses dividiu o grupo de homens em dois, e partiram todos para explorar o local. Euríloco chefiava um grupo que foi dar no solar de Circe. Viram ali lobos e leões enfeitiçados com drogas venenosas, comportando-se como animais domésticos. Os homens entraram no solar, com exceção de Euríloco, por desconfiar de algum logro. Circe ofereceu-lhes uma papa de queijo, cevada e mel com vinho, e misturou à comida drogas que tiravam toda a lembrança da terra pálida. Em seguida, tocou-os com uma vara de condão, transformando-os em animais semelhantes a porcos[1].

A situação é cruel, uma vez que a permanência da capacidade intelectiva dos homens se mantém, numa dissociação mente-corpo. Na forma de suínos, não passavam de bestas instintivas e sua inteligência não tinha nenhuma serventia. O rebaixamento da consciência é tema por mais uma vez. Ele afasta o homem de seu propósito, fazendo com que permaneça preso a uma espécie de névoa impeditiva de sua "volta à casa", da retomada de seu caminho pessoal, de encontrar-se. Que sofrimento terrível não poder fazer uso daquilo que nos identifica como humanos, e nos encontrarmos aprisionados a uma matéria não reconhecida por nós.

Euríloco retorna para avisar Ulisses. O herói, mobilizado pelo risco de morte de seus companheiros, parte em auxílio deles. Hermes, disfarçado em um jovem, surge para aconselhar

---

[1] Segundo (Brandão,1987, p. 305), nota de rodapé 236: "... em momento algum Homero diz explicitamente que os aqueus foram transformados em porcos. Na *Od* X, 239-240, fala-se que os companheiros do herói *'ficaram com a cabeça, voz, pelo e feitio de porco'* e nos versos 282-283 se repete que os mesmos, 'no palácio de Circe foram encerrados, como se fossem porcos, em seguras pocilgas'".

Ulisses a não seguir em direção a Circe, para salvar seus amigos, pois ele ali ficaria também, igualmente enfeitiçado. Conta a ele como Circe age, e dá-lhe um antídoto que impedirá a ação da poção mágica. Depois deverá ameaçá-la com sua faca, como se pretendesse matá-la. Ela o convidará a deitar-se, e ele deve aceitar a ida a seu leito, exigindo, no entanto, um juramento dos bem-aventurados de que ela não planejará nenhuma nova maldade contra o mesmo. Retira da terra a *môli* – ou *moly* –, erva de raiz negra e flor alva como o leite, arma que Ulisses usará para manter-se imune à ação das drogas.

Ulisses está realizando sua grande viagem ao reino do inconsciente, durante a qual se defronta com figuras monstruosas, estranhas, insólitas. Nesse episódio, em questão, irá se deparar com o grande risco de uma possessão anímica, de caráter profundamente sombrio. Sua regência magna se faz presente; Hermes, expressão insigne da intuição, surge e lhe dá para comer *môli*, planta de raiz negra, originária de uma *nigredo* primordial, expressão das tendências obscuras, animalidades, do corpo, dos instintos, da gula, mas com floração branca, imagem das virtudes, da pureza do retorno ao centro.

Segundo Brandão (1987, p. 307), citando Von Franz, ". . . o tema do ser humano que se converte em animal e só pode ser redimido comendo flores aparece em todo mundo". Ulisses recebe das mãos do divino Hermes a planta que o protegerá da tentação-possessão anímica. Em sendo planta que somente o divino pode colher, e como antídoto às drogas embriagadoras da *anima*, Circe, podemos pensar o momento mítico como um fenômeno de revelação: Ulisses conversa com seus deuses!

O que Hermes faz, portanto, é alertar para o perigo de Ulisses se contrapor a uma feiticeira-*anima* de forma desavisada. Há que buscar defesas compatíveis. O divino o ajuda a sair da ingenuidade e ativar sua malícia, de maneira perspicaz e também cuidadosa. O momento pede a contenção de sua impulsividade, mesmo que bem intencionada. A truculência e a ameaça deverão ser usadas apenas de modo teatral, como meio para conseguir a promessa da feiticeira. A sagacidade do herói poderá vencer a magia funesta desse feminino que reduz tudo ao instinto. Para se sobrepor a esse lado sombrio e aprisionador do feminino, é preciso inteligência estratégica e intuição, atributos presentes na figura de Hermes. Se reagisse somente pela cólera e pela força, seria também transformado por Circe.

Tudo ocorre como o previsto. Circe, então, revela a Ulisses-Hermes já ter predito esse encontro com o herói no final da guerra de Troia.

Repete-se o mitologema do conhecimento prévio de algo que, por não se dar muita importância, acaba por surpreender. Somente quando a predição se transforma em fato, ela passa a fazer sentido. Os deuses e oráculos nos alertam, e isso fica em nós, em algum lugar adormecido.

Wolf (2006), doutor em Física Teórica, em seu livro *Viagem no tempo – a mente além do ontem, hoje e amanhã*, aventa a possibilidade do ser humano ter conhecimento de fatos futuros, desde que se liberte de determinados pressupostos egoicos. Assim, o estado de consciência onírico é uma das possibilidades de acessar esse tipo de conhecimento antecipatório. A Psicologia Analítica argumenta a intuição ser uma das funções da psique que traz em si essa possibilidade. Ela pode se apresentar mais ou menos desenvolvida, mas está sempre ali, funcionando muitas vezes também com esse caráter premonitório.

A tristeza de Odisseu, apesar de ser cuidado por quatro servas, chamou atenção de Circe e a fez libertar os seus companheiros; também chama pelos outros que permaneceram no barco. Euríloco alerta para a insensatez de Ulisses ao conduzir todos os homens de volta ao solar da feiticeira, por entender ser esta a mesma decisão tomada quando na caverna do Ciclope, tendo como consequência a morte de vários companheiros.

Circe se compadece de Ulisses? A transformação está nela também. O atributo feminino do cuidado é ativado. Mas ele pode ainda aprisionar.

A alusão ao episódio de Polifemo demonstra uma semelhança entre as duas situações. Em ambas, prevalecem a ousadia e a impulsividade inconsciente do herói, pondo em risco vidas, sem avaliar com clareza a dimensão do perigo. Os relatos desses fatos alertam, repetidamente, para a necessidade de reflexão antes de reagir com emocionalidade. Se pensarmos em Posídon como o deus mais explosivo e intempestivo, representado pelas águas, metáforas de sentimentos e emoções, águas inundantes, jorrando, muitas vezes, de forma desordenada, seu embate com Ulisses se traduz como uma necessidade deste herói aprender a conter seus arroubos emocionais. Também aqui a intenção de Ulisses é de cuidar e compartilhar, mas isso se dá de uma forma pouco reflexiva.

Circe oferece a todos alimento e vinho, e os persuade a abandonar as lamentações. Todos, assim, ali permaneceram durante um ano. Segundo Graves (1990), Ulisses chegou a ter com Circe três filhos: Ágrio, Latino e Telégono, informação que nos fala da diferença existente entre o ano mítico e o ano cronológico.

A satisfação dos desejos primários, da fome e sede, o conforto de estar bem alimentado e cuidado também têm um efeito de acomodação de caráter narcótico. Foi preciso um ciclo inteiro, e o retorno da primavera, para que os homens se dessem conta da necessidade de retomar o caminho de volta e persuadirem Ulisses a fazê-lo.

Quantas são as vezes em que permanecemos estagnados na vida, crendo ser o patamar de desenvolvimento alcançado, supostamente satisfatório, funcionando apenas pelo motor do instinto, acreditando que sobreviver basta? Acomodamo-nos em situações, furtando-nos ao trabalho de ousarmos ir adiante. E, assim, nos transformamos em suínos, como nos diz o mito.

Há uma morte anunciada, é fato, mas ela é também a salvação. Não há como viver sem morrer simbolicamente. Caso contrário, resta-nos apenas sobreviver.

Ulisses pede a Circe para cumprir sua promessa de enviá-los para casa. Eis que a *anima* com atributos prospectivos apresenta-se: Circe comunica, com sabedoria, a necessidade de outra viagem, antes de aportar em casa. O herói, cumprindo seu rito iniciático, deverá ir ao Hades consultar o adivinho tebano cego, Tirésias, a quem Perséfone concedera o dom de manter-se lúcido e inteligente após a morte. Ulisses abate-se, sem saber como adentrar o local dos mortos e dele sair. Circe dá-lhe todas as instruções. Fala das indicações ao longo do caminho, dos ventos, onde aportar seu barco nas águas do Estige, da importância de fazer as libações aos mortos com leite e mel, depois com vinho suave e, em terceiro lugar, com água. Por fim, deveria espargir farinha branca e prometer imolar uma novilha aos mortos e um carneiro negro a Tirésias. Em seguida, deveria imolar um carneiro e uma ovelha negra, postos de frente para o Érebo, para as almas de pessoas mortas, sem deixar que chegassem perto do sangue antes de consultar Tirésias. Este viria até ele e diria da viagem, das distâncias a percorrer e de como cruzar o piscoso mar. Também deveriam ser degoladas e queimadas reses aos deuses Hades e Perséfone. Ulisses ouve e acolhe as revelações de Circe. Enquanto falam, presenciam a morte de um companheiro por uma queda, e têm ali um exemplo de que a sua viagem é de outra ordem.

Podemos pensar que ao usar a *môli* como contraveneno, Ulisses libertou esse aspecto da *anima*, também aprisionado num enfeitiçamento do qual a própria Circe era vítima. Afinal, ela não se relacionava com homens, mas sim com porcos.

Quando Ulisses mantém-se homem e exige dela retirar a mágica de seus companheiros, Circe pode exercer-se como mulher, não mais como bruxa, fazendo uso de sua sabedoria. Incorpora um lado sombrio que a mantinha igualmente presa.

Será Circe quem indicará ao herói um importante pedaço de seu caminho: a catábase necessária ao encontro consigo mesmo. A descida aos Ínferos para o encontro com Tirésias coloca Ulisses numa importante sintonia com as figuras do velho sábio e da velha sábia, ou seja, com a sabedoria profunda do feminino e com a sabedoria profunda do masculino, para poder assim concretizar seu retorno.

CANTO XI

O canto XI da Odisseia é também conhecido como "Nekyia" ou "A invocação dos mortos", e refere-se a uma viagem ao Hades, reino dos Ínferos. Tais episódios figuram também nas míticas de Héracles, Teseu, Orfeu, Eneias e Psiquê. A melhor e mais descritiva das *nekyia* refere-se inegavelmente à de Ulisses. A "Nekyia" da *Odisseia* reflete os costumes e crenças pertencentes ao culto da nigromancia, ou seja, consulta aos mortos como meio de adivinhação. Ulisses segue os passos ditados por Circe. Ao se ver diante das almas dos mortos – *eidola* – fica amedrontado, mas não deixa suas cabeças chegarem perto do sangue antes de consultar Tirésias. A primeira alma a chegar foi a de seu companheiro Elpenor, morto na queda sofrida no palácio de Circe, onde permaneceu insepulto. Pede a Ulisses que, em sua volta, queime-o numa fogueira, juntamente a todas suas armas e construa um túmulo em sua memória. Ulisses concorda. Em seguida, vem a alma de sua mãe, Anticleia – filha de Autólico – a quem deixara viva antes de partir. Chorou sua morte, mas não a deixou aproximar-se do sangue. Tal fato demonstra no herói sua capacidade em manter-se enfocado em sua meta maior, ter com o oráculo. Podemos imaginar a provação que foi esse pequeno momento de luto por ele vivido.

Apareceu, então, Tirésias com um cetro de ouro. Este pede ao herói para recolher sua adaga, deixando-o beber o sangue para revelar-lhe a verdade.

Tirésias é mais um adivinho no caminho de Ulisses – "mais um", todavia de importância singular. A presença insistente dessas figuras em seu percurso nos faz pensar em desdobramentos de sua função intuição. Além disso, para o herói, cuja tarefa maior é o retorno à casa, podemos entender o oráculo como uma espécie de guia e suas previsões, como indicações do *Self*. Tirésias é o maior e mais respeitado dos adivinhos. Tem a experiência da plenitude, tendo experimentado a condição de ter vivido como mulher, ou seja, com o feminino profundamente integrado em sua psique, sendo o único a manter no Hades a sua mente viva, pelas graças de Perséfone. É o elemento transcendente e carrega, qual Hermes, um bastão dourado, simbolizando a possibilidade da luz da consciência nas trevas do país dos mortos. Representa, quem sabe, a intencionalidade do inconsciente ou a sabedoria contida no *Self*.

O caminho de Ulisses, portanto, somente poderia ser revelado no reino de Hades, pois ali haveria de se dar conta das mortes, das perdas e da dimensão de sua jornada. O processo de individuação e o encontro com seu eixo implicam um mergulho no inconsciente e um confronto com a morte. Há que se fazer as perguntas!

Segundo Brandão (2000), a descida de Ulisses ao Hades foi simbólica, pois foram as *eídola* a subir em seu encontro, depois das libações feitas. De qualquer forma, o contato com as sombras se deu, e ele pôde dialogar com o cego, e ouvir seus vaticínios.

Tirésias conta-lhe ser Posídon quem dificulta sua volta, pois ficara ofendido por ter cegado seu filho dileto. Posídon, como pai de muitas monstruosidades, colocará no caminho de Ulisses situações onde terá que se haver com várias aberrações. A forma de chegar a Ítaca, diz Tirésias, será pela contenção da sofreguidão

– dele e dos companheiros – em saquear as vacas na ilha Trinácia. Se assim não ocorrer, voltará sozinho, em barco estrangeiro, e encontrará atribulações em sua casa. Refere-se aos homens que cobiçam a mão de Penélope e dizimam seus bens. Quando lá chegar, matará todos os pretendentes e partirá para uma cidade longe do mar. Lá, em determinado momento – Tirésias fará com que Ulisses saiba qual –, deverá fincar no chão seu remo e imolar vítimas a Posídon – um carneiro, um touro e um javali acasalado com porcas. Assim, poderá voltar a sua casa e imolar hecatombes a todos os deuses. Sua morte será suave, na velhice, em plena prosperidade, sua e de seu povo.

O vaticínio de Tirésias contém muitos símbolos. A lição maior de Ulisses será conseguir se conter, e não se desviar de seu propósito. O roubo das vacas lembra seu bisavô Hermes que, num primeiro momento, sai da caverna, recém-nascido, para roubar o gado de Admeto, pastoreado por seu irmão Apolo. Apesar de movido pela fome, sacrifica duas cabeças aos deuses, dividindo o lote em doze partes, oferecendo aos onze olímpicos uma parte a cada um. Finalmente oferece a si mesmo a décima segunda parte, queimando-a ritualisticamente, sem se alimentar dela, e autointitulando-se o décimo segundo olímpico. Talvez haja, nessa semelhança, a ideia de Ulisses também precisar conter a sua voracidade mais imediata e mundana, em função de algo maior, de uma dimensão divina: seu processo de individuação, consumado em seu retorno à terra de origem. A ida para algum lugar longe do mar parece indicar a necessidade de recolhimento e introversão após o contato com a morte no massacre dos pretendentes, do qual será protagonista. Será seu momento de purificação, ocorrendo de forma solitária. Precisará fazer sacrifícios em nome de Posídon, para lhe apascentar a ira, e conseguir finalizar o seu intento. Se obedecer a essas condições, viverá muito e morrerá em paz.

Os animais a serem oferecidos são todos sacrificiais, com o detalhe do acasalamento do javali com as porcas ou a união do selvagem ao doméstico. Além disso, fincar o remo no chão pode também indicar um momento de aposentar as viagens e fixar-se. Um remo, instrumento indispensável na navegação, de nada serve em terra firme, a não ser como um marco. Aponta para a experiência do reinado em oposição à vida aventureira de herói. E isto longe do mar, ou seja, em um campo de experiências diverso do anteriormente vivido. Simbolicamente, representa o término de sua saga heroica para adentrar a condição de tornar-se regente. Implicará, certamente, entrar em contato com aspectos desconhecidos seus, integrar sua função inferior, o movimento introvertido da segunda metade da vida.

Ulisses pede a Tirésias para ensiná-lo o que fazer para sua mãe reconhecê-lo. Quer conversar com ela. O cego lhe diz: basta ela beber do sangue, e fará vaticínios verazes.

A necessidade de ingestão do sangue para a alma tomar forma faz pensar numa espécie de qualidade alquímica dele, qualidade que provoca uma coagulação – *coagulatio* – da *eidolon*, dando--lhe substância. O sangue, como elemento propiciador de vida, mantém seu significado, mesmo nas profundezas dos Ínferos. Além disso, o sangue sacrificial tem o poder de trazer consciência e abrir os canais para o diálogo, mesmo de modo fugaz.

Ulisses conversa com a mãe. Ela quer saber o que ele faz ali, como chegou, se reviu sua esposa. Ele fala de sua desorientação, suas aventuras que o afastaram de casa, e pergunta-lhe da família. Ela conta como é o Hades; morreu, literalmente, de saudades dele. Pede para o filho guardar tudo na memória e depois contar a Penélope. Dá notícias desta, de Telêmaco e de Laerte, seu pai.

Outra tarefa de Ulisses certamente é entrar em contato profundo com sua *anima*. Toda sua trajetória é em direção a Penélope e a sua cidade. Suas aventuras incluem o confronto com Calipso e Circe, o contato com Nausícaa, e agora com a mãe. Em seguida, Perséfone manda as *eidola* de mulheres que irão beber do sangue sob sua guarda e Ulisses as interrogará, uma a uma.

Dessa forma, poderá melhor estruturar sua psique, em função de seu encontro com diferentes modelos de femininos, decorrendo dos relatos de experiências as mais diversas. Esses femininos se traduzirão como ponte de comunicação no futuro contato com Penélope. Pela imposição da espada, elemento masculino discriminador, determina às *eidola* manterem-se ordenadas para poder escutar a cada uma (Souza, in Alvarenga, 2010, p. 316). Os relatos dizem respeito às vidas dessas mulheres com seus maridos e filhos, seus amores e desventuras.

Por que Ulisses precisaria escutar todas aquelas falas? E isso tudo se dando nos Ínferos?

É como se lhe fosse dada a oportunidade de conhecer nas profundezas a alma feminina. Talvez ele não tenha tido tempo e nem disponibilidade de escuta para as mulheres enquanto exercia a função de guerreiro. Em seu caminho de volta a sua mulher, o mergulho nas trevas revelava-lhe algo a mais sobre o feminino, que somente agora conseguia verdadeiramente atentar. Eram as *eidola* de mulheres realmente humanas, e não ninfas ou feiticeiras, retratando, em si, o fenômeno de humanização de matrizes arquetípicas na estruturação da psique de Ulisses.

Assim, o herói revela ter estado com:

- Tiro, filha de Salmoneu. Foi possuída por Posídon e deu à luz Pélias e Neleu.
- Antíope, filha de Asopo; deu à luz Anfião e Zeto, fundadores de Tebas.
- Alcmena, esposa de Anfitrião. Possuída por Zeus, gerou Héracles.
- Mégara, filha de Creonte e nora de Anfitrião.
- Epicasta, mãe de Édipo.
- Clóris, esposa de Neleu.
- Leda, esposa de Tíndaro, mãe de Castor e Pólux.

- Helena e Clitemnestra.
- Ifimedia, esposa de Aloeu, mãe de Oto e Efialtes, filhos de Posídon.
- Fedra.
- Prócris.
- Ariadne, filha do terrível Minos.
- Mera.
- Clímene.
- A odiosa Erifila.

Lembremo-nos de que todo esse relato estava sendo feito por Ulisses para Alcínoo e Areta. Estes pedem mais dados; querem saber se viu a alma de alguns de seus companheiros de luta em Ílio. Ulisses conta, em seguida, sobre Agamêmnon chorando copiosamente ao reconhecê-lo. A *eidolon* do grande comandante da Guerra de Troia relata sobre sua morte pelas mãos de Egisto em má comunhão com a mulher, Clitemnestra, e acrescenta, ao nosso herói, que não confie nas mulheres, e não conte à Penélope tudo quanto lhe vier à mente. Uma parte é suficiente; deixasse a outra em segredo. Agamêmnon quer saber do filho Orestes, mas Ulisses nada sabe. Em seguida vieram:

- Aquiles, filho de Peleu.
- Pátroclo.
- Antíloco.
- Ájax Telamônio.
- Minos, rei de Creta.
- Órion.
- Títio, filho da gloriosa Terra, castigado pelas afrontas a Leto.
- Tântalo.
- Sísifo.
- Héracles.

Depois de todos esses encontros, vai-se embora com receio de Perséfone mandar-lhe a cabeça da Górgona. Agamêmnon, traído por sua mulher, retrata o aspecto traiçoeiro e vingativo do feminino. O conselho que dá a Ulisses, de não revelar a verdade por inteiro, é o mesmo expresso por Hermes a Zeus, quando de seu compromisso assumido em não mentir. Há que se guardar um espaço para o desconhecido. E, assim, por trás desse conselho, há o alerta sobre a necessidade de discriminar: *o que vai dizer e para quem dizer.*

Dentre os homens encontrados, estão heróis e castigados, indicando que Ulisses pôde entrar também em contato com diferentes masculinos. O aprendizado, vindo dessa catábase, diz respeito ao contato com os mais variados aspectos da condição humana, necessários à recondução de si a si mesmo.

Lembremo-nos de sua questão para Tirésias: "como poderei chegar de volta a Ítaca?" Ou seja, como reencontrar-me com minha própria alma? O retorno à casa, portanto, inclui para o homem a estruturação do feminino em si, sua contraparte, além das descobertas de suas diferenças e semelhanças com seus "iguais" masculinos.

O medo do encontro com a Górgona indica o perigo de deixar-se petrificar e ficar para todo sempre aprisionado nos Ínferos. É mister colocar um limite a essa experiência, cujo caráter de introversão, ou mesmo de "depressão", de descida, não deve se estender além do necessário. Aqui, o medo é sinônimo de preservação da sua integridade e motor em direção à retomada da vida.

CANTO XII

Ulisses volta à superfície, manda alguns companheiros buscarem o corpo de Elpenor para cremá-lo, e assim se dá. Circe percebe a presença dos homens e oferece-lhes comida e pouso antes de partirem, sob suas orientações, no dia seguinte. Elogia-os por terem duas mortes, enquanto os demais homens tinham apenas uma. Como se sabe, os heróis sempre têm um segundo nascimento, muitas vezes pais divinos. O fato de terem duas mortes fortalece essa ideia. Este duplo morrer inclui, necessariamente, um renascer, onde se encontra a pérola dessa experiência.

Circe quis saber sobre todo o ocorrido no Hades, e Ulisses, de bom grado relata-lhe. A partir daí, ela passa a lhe dar importantes instruções sobre sua viagem e prováveis perigos a serem enfrentados.

É curioso e muito significativo atentar para o quanto essa figura feminina, expressão inconteste da *anima*, transformou-se após encontro com Ulisses. De feiticeira terrível, que transmutava os homens em porcos ou leões domésticos, passou a dialogar com Ulisses, ajudando-o em sua travessia. O feminino expresso em Circe era vivido na sombra, em sua polaridade destrutiva. Ulisses sob o efeito *môli*, dotação fornecida por Hermes, não se envena com a possessão da *anima* terrível. Ao intuí-la, assume o controle sem se deixar envolver-se pelo complexo emergente e, dessa forma, a torna sua auxiliar, podendo fazer contato com os ensinamentos dela decorrentes. O feminino concebe a ideia e o masculino a executa. Circe espera o herói, ansiosa por saber de suas aventuras nos Ínferos. Ulisses conversa com seus deuses e deusas, por meio do diálogo com Circe. Desse encontro resultam novos ensinamentos.

Ao pensarmos Circe como *anima* de Ulisses, podemos entender sua ida ao Hades e o encontro com os vários femininos distintos, proporcionados por Perséfone, como a vivência necessária para a incorporação dessas realidades femininas em sua psique. Seu diálogo com Circe se faz, agora, em bases confiáveis, sem temores, sem possessões: a *anima* a serviço do processo de individuação de Ulisses. Podemos considerar esse momento mítico expressão da emergência da dinâmica de alteridade, onde o princípio ordenador é o da troca, da dialética. Não há o *certo a priori*; não se trata de privilegiar tão somente a sobrevivência ou a vingança, tampouco a obediência cega às leis. Circe e Ulisses escutam-se e dialogam. Como figura interna, ela poderia ser entendida como um acompanhante facilitador de seu diálogo com a alma, auxiliando-o admitir seus medos de mergulho no escuro, suas impotências, seus desejos. Esta é a função da *anima* – expressão de função transcendente e guia psicopompo.

Circe alerta-o sobre o canto das duas Sereias e de seu fascínio possessivo sobre os homens que delas se aproximam. Há versões em que surgem em maior número. Avisa-o e aos seus marinheiros ser necessário colocar cera doce de mel nos ouvidos de todos para ninguém as ouvir. A Ulisses será permitido ouvi-las, se assim desejar, mas, para tanto, terá de amarrar-se ao mastro do barco, e mesmo que peça para soltarem-no, seus companheiros não devem fazê-lo, atando-o ainda mais forte.

Circe, com sua intuição e argúcia, sabe do espírito curioso de Ulisses, sempre desejoso de novas experiências; propõe essa estratégia para protegê-lo da tentação do canto das Sereias. Trata-se, certamente, de mais um feminino cujo contato inebria, provoca confusão e anestesia da consciência. É um feminino devorador, servindo-se do canto para atrair sua presa. Sedutor, portanto. Mas Ulisses precisa passar por todas essas provas. A sua qualidade de homem heroico é diversa da de seus companheiros, que não necessitam ouvir o encanto. O foco está no filho de Laerte. O mitologema do estar atado se evidencia uma vez mais. Nesse momento, seu desafio é manter-se passivo, e suportar as vivências enlouquecedoras do feminino.

Podemos também considerar, nesse episódio, o perigo embutido nas tentações prazerosas. O risco de o *ego* fraquejar e sucumbir diante dessas promessas de prazer são realidades presentes no cotidiano de todos nós. Ulisses atado ao mastro é a imagem do eixo necessário para não ceder ao chamado estonteante do prazer. O paralelo com as adições é direto. Mesmo porque elas representam a anestesia do *ego* e a permanência, num primeiro momento, no útero acolhedor do prazer. Resulta daí, provavelmente, a grande dificuldade da luta contra tamanho apelo. É preciso subtrair os sentidos e olhar adiante, pois a promessa da satisfação plena é o próprio canto da sereia: traiçoeiro, mentiroso e destruidor. A oferenda é a vivência de algo doce como o mel, mas, após a entrega, emergem desespero, angústia, loucura.

Ao passar pelas Sereias, haverá dois caminhos, e Ulisses deverá escolher um deles. Circe relata sobre os Rochedos Errantes, por onde passou apenas a nau Argos, e assim se deu por ser protegida por Hera, em favor de Jasão. Do outro lado, há dois penhascos, sendo de um lado uma rocha polida, impossível de ser escalada por qualquer mortal. No meio do penedo, abre-se uma gruta na direção do Érebo, local onde deverá aportar seu barco. Ali mora Cila, um monstro cruel com doze patas, seis longos pescoços com uma cabeça medonha em cada um deles, exibindo três fileiras de dentes afiados. Metade de seu corpo fica dentro da gruta e suas cabeças pescam delfins, cães marinhos, e tudo quanto possam alcançar, inclusive marinheiros em passagem por ali. Há que não se deixar enganar por seus latidos, semelhantes ao de uma cadelinha. Do outro lado do penedo, encontra-se uma figueira brava e, sob ela, Caríbdis, criatura terrível que aspira a água escura, três vezes ao dia. Estar ali num desses momentos seria morte certa, e nem mesmo passível de contenção por Posídon. "Portanto – aconselha Circe – perca alguns marinheiros, mas escolha o caminho de Cila". Melhor perder-se de uma fração que perder-se de si mesmo. Algumas mortes são anunciadas como parte da travessia. O caminho feito pela Argos, comandada por Jasão não era o caminho de Ulisses. Percorrer o trajeto do outro é inadmissível, pois o que se busca é sempre pessoal e intransferível. Ao instruir o herói, Circe coloca-o em estado de alerta para a dimensão da tarefa.

Ulisses, ao ouvir tão cruel alternativa, pergunta se não haveria alguma forma de escapar de Caríbdis e evitar a morte de seus companheiros. Circe se enfurece com a tentativa de Ulisses não pagar preço algum por sua aventura. "Mísero! Não queres recuar nem mesmo diante de deuses imortais?" (Homero, 2006, p. 143). Informa-lhe, então, ser o monstro imortal e indefensável. O máximo a se fazer será clamar pelo socorro da mãe da fera e somente ela poderá impedir o monstro de atacar uma segunda vez.

O desejo humano de escapar da morte é irrealizável. O monstro é imortal, como são todas as mazelas que sofremos ao longo da vida. Há que passar por elas, sem a ilusão de colocar fim ao mal encarnado. O mal sempre existirá, bem como o inconsciente. São dimensões perenes. No entanto é possível passar por eles, como entre dois penedos habitados por bestas. Todavia, da mesma forma que estas são uma realidade inexorável, a perda envolvida nessa travessia também o é.

O medo de Ulisses fá-lo agir como adolescente: não quer pagar o preço do crescimento. Frente a tamanho perigo, a única coisa possível é clamar pela mãe. Já se trata de uma grande concessão. Também nós, em momentos de extrema dor chamamos por nossas mães, sejam elas a mãe concreta, a mãe natureza, a mãe igreja, a mãe espiritual, expressões de um feminino que guardam a vida como bem maior.

Vencidos os desafios, fica ainda o aviso de Tirésias sobre a necessidade de contenção do desejo, quando chegar à ilha Trinacia. Ali, encontrará vacas e carneiros de Hélio. A imperiosidade do vaticínio anuncia: os animais não devem nem podem ser saqueados. Eles não dão cria nem morrem nunca. Portanto, são da mesma matéria dos seus desafios. Duas lindas ninfas, Faetusa e Lampécia, filhas de Hélio Hiperião e Neera, tomam conta do rebanho. Se conseguir deixar os animais intactos, conseguirá chegar a salvo em Ítaca. Se, no entanto, saqueá-los, perderá barco e tripulação, e chegará em sua casa humilhado e sozinho.

Podemos notar a intensificação dos alertas, como se a Ulisses fosse cada vez mais necessário não perder de vista as condições a respeitar. A cada conquista de consciência, nossos erros se tornam mais graves. Podemos observar isto na criança, que ainda em fase de aquisição de referências e formação da personalidade, tem seus erros relativizados e perdoados, enquanto um mesmo fato será condenável no adulto. Ulisses torna-se, a cada aventura, mais responsável por si, por seu percurso, por seu destino, por seu processo. Os cuidados a tomar são-lhe antecipados, avisados repetidas vezes para não se enganar. Não há mais como lançar mão de artifícios infantis, isentando-se de responsabilidades ou liberando-se de seu compromisso. Lembremo-nos da tentativa tresloucada de não ir à Guerra de Troia. Reflitamos, um pouco mais, sobre essa batalha a ser enfrentada pelo herói.

Por que razão precisaria Ulisses passar por monstros tão terríveis como Cila e Caríbdis?

Ulisses depara-se novamente com femininos devoradores a serem confrontados, como ameaças a sua sobrevivência. Um deles, não deverá sequer pensar em encarar. Há que se resignar ao poder de Caríbdis. Ela apresenta-se como entidade superior ao próprio inconsciente, tragando o mar e impossibilitando a navegação. Devora tudo quanto encontra em seu caminho. É a imagem da destrutividade explícita. A passagem pelos penedos indica o perigo da constante ameaça de ser esmagado. Sentimo--nos pequenos quando nos deparamos com uma paisagem assim descrita: montanhas altíssimas de pedra e um pequeno corredor pelo qual haveremos de passar. Jasão, com ajuda de Hera, foi bem sucedido nesta tarefa, e seguiu seu caminho na tentativa de elaboração do feminino, sem, no entanto, integrá-lo de forma criativa. Foi vencido pelo fascínio do poder.

Cila ladra como uma cadela recém-nascida. Não podemos nem devemos nos deixar levar pelas aparências. Cair na piedade ilícita, como Brandão (2002) anuncia na passagem de Psiquê pelo rio da morte, cuja ajuda aos pedintes a faria ser tragada e submergir, é um risco. Mais que isso, é um erro. Os ganidos aparentemente indefesos do monstro são apenas uma nova estratégia para aprisioná-lo e impedi-lo de seguir. Há que ficar atento! Assim como as Sereias, o elemento sedutor em Cila pode desviá-lo do caminho. As perdas já foram anunciadas, e não há como evitá-las. Ulisses precisa manter-se alerta, para não perder mais do que o predito. As crônicas de mortes anunciadas estão nas profecias. O desejo humano de escapar a elas o faz lamentar sua condição. Mas não há saída. Há que enfrentar o que está em seu destino, assim como fazer suas escolhas. Cila pode ser contida pela mãe, não atacando uma segunda vez; mas a primeira é inevitável. São situações a serem enfrentadas, inescapáveis. O grande desafio é viver o embate com a maior lucidez possível. Não se pode lutar contra um deus. Dessa forma, apenas seria possível passar pelos penedos, rendendo-se à condição de não poder derrotar as monstruosidades Cila e Caríbidis. A passagem pede medida, lembrando a condição de caminhar sobre o fio da navalha. Ulisses já quisera enfrentar Circe apenas com sua espada. Nessa altura de sua viagem, já aprendera um pouco mais sobre respeitar a força de seu adversário. Atentara também para a presença de uma maldade inerente ao mundo, onde nem sempre as armas a que estivera acostumado – como a diplomacia e a retórica, por exemplo, ou mesmo a espada – seriam eficazes. Do ponto de vista psíquico, cabe ao *ego* render-se à superioridade do *Self*.

Os fatos sucedem-se como o previsto e a realidade supera a descrição de Circe. Ulisses diz nunca ter visto cena mais dolorosa do que presenciar seis de seus homens serem arrebatados do barco e devorados por Cila.

Há, no entanto, um ato falho de Ulisses: não conta aos companheiros sobre o desafio a ser enfrentado, esquecendo-se das recomendações de Circe para não empunhar suas armas. Talvez lhe tenha faltado coragem para explicitar os riscos da batalha a ser defrontada, não dando aos homens a clara noção de para onde caminhavam. Talvez quisesse, num desejo tão humano, acreditar ser possível escapar ileso da experiência vaticinada. Talvez tenha vestido a sua armadura de herói justamente para não se render aos seus limites e acreditar-se capaz de vencer.

Depois de ultrapassados os penedos, Ulisses repete aos companheiros remanescentes as palavras de Tirésias e sua recomendação de evitar a ilha de Hélio, alegria dos homens. Euríloco é sempre o seu contraponto. Persuade Ulisses a parar na ilha, acusando-o de cruel com os companheiros exaustos; continuar viagem à noite com ventos ruins poderia ser o desejo pelo infortúnio tramado por algum deus. A perspectiva de pousada, desfrute do descanso e de uma rica ceia é tentadora. E assim se dá.

Ulisses desconsidera o que ouviu do cego tebano e se deixa seduzir por dois argumentos: o do conforto e o do cuidado. Cai na piedade ilícita, acima mencionada. Podemos entender essas dúvidas que o assolam, e o fazem esquecer-se dos alertas e da sua própria intuição. O herói vacila, e há nesse vacilar a emergência da dúvida permanente a assolar a alma quando a intuição aponta um caminho e as tentações seduzem e iludem, indicando outra direção. As seduções têm o caráter narcótico de anestesiar a consciência e deixar o homem ao sabor dos desejos mais imediatos. Nesse momento, a sedução aparece encarnada na figura de Euríloco.

Ulisses adverte os companheiros para não comer, em hipótese alguma, vacas e ovelhas sagradas presentes na ilha; obtém deles um juramento de obediência a esse interdito. Alimentar-se-iam, portanto, das provisões de bordo. Por um mês, isso se deu. Todavia os alimentos extinguiram-se e a fome chegou. Nesse momento crucial, Ulisses vai para dentro da ilha, no intuito de orar aos deuses. Ali dorme – "os deuses moradores do Olimpo derramaram-me um doce sono nas pálpebras" (Homero, 2006, p. 148).

Ulisses, por mais uma vez, fica alheio aos acontecimentos cruciais: os companheiros jurados sucumbem às tentações da fome. O sono alcança Ulisses e o abate. Reedita o momento crucial quando levava os ventos aprisionados no odre, ou como no sono de Gilgamesh (Baptista, 2008) quando de seu encontro com Uptnashtim ou ainda à beira do lago em que a serpente toma de volta a planta da imortalidade. Esse mitologema parece indicar a confirmação da condição mortal do herói. O inconsciente tem nele um efeito; a pequena morte do sono marca a dessimetria entre a consciência, mesmo que heroica, e o universo inconsciente. O herói marcha em direção à batalha e espera de si mesmo a vitória. No entanto o imponderável faz-se presente, como se o informasse que, apesar da dedicação e empenho, ele não é divino, e sim mortal.

Hélio é um deus pré-olímpico, o deus sol que tudo vê, irmão de Selene (a lua) e Eos (a aurora), e pai de Circe. Não obedecer a uma lei de Hélio é ousar desafiar a onisciência divina. Abater aqueles animais sagrados para o uso prosaico de suprimir a fome – com a agravante deles não mais se reproduzirem, significando assim o fim, foi entendido pelo deus como terrível profanação. É a supressão do elemento sagrado. Ulisses tenta permanecer longe de tal cena, mesmo sendo de forma inconsciente, retirando-se do palco da vida pela via do sono. Faz suas orações, tenta manter-se fiel aos seus preceitos, num esforço final contra mais uma tentação. O elemento espiritual ganha espaço neste episódio, sendo Euríloco uma metáfora das limitações humanas de Ulisses. Seus companheiros se fartam com a carne das vacas abatidas. Hélio pede a Zeus um castigo aos homens infratores da lei; se não atendido, ameaça inverter os reinos, mergulhando no Hades e brilhando para os mortos. Ou seja, ameaça criar o caos, a indiscriminação.

O banquete durou seis dias e seis noites e, no sétimo dia, os ventos acalmaram-se, eles partiram. No entanto, quando estavam em alto mar, sem terra à vista, Zeus mandou o impetuoso Zéfiro causar-lhes uma tormenta, destruindo o barco e privando do regresso seus companheiros. Ulisses conseguiu amarrar a quilha e o restante do mastro com um couro de boi, e ali ficou até Zéfiro se acalmar e soprar Noto.

Ulisses deu-se conta de seu destino: precisaria passar novamente, ao revés, por Caríbdis. Se antes escapara do feminino terrível de Cila, a incontinência de seus companheiros e a sua inconsciência o colocaram na situação dolorosa de voltar à situação de perigo extremo. Caríbdis sugou o mar com força, e Ulisses usou da perspicácia para sobreviver: pendurou-se como um morcego numa figueira avizinhada. E esperou. Esperou o monstro regurgitar a água salgada e, com ela, o mastro e a quilha. Com isso, remou e vagou por nove dias, até que os deuses o encaminharam para a ilha de Ogígia, onde morava Calipso de ricas tranças, que o acolheu e o tratou.

Ulisses está a relatar essa passagem aos reis de Esquéria, Areta e Alcínoo, e se dá conta de que já o fizera na noite anterior, demonstrando certo desconforto com a repetição.

Neste episódio, vemos como Ulisses não teve alternativa outra senão esperar e usar da astúcia quando a situação exigia iniciativa. Agarrou-se à árvore, símbolo da vida e também do reino do feminino. Ficou a espera, de cabeça para baixo, ou seja, numa situação em que o pensamento não lhe trará ajuda: as coisas são olhadas de um ângulo inusitado. Quando a vida dá uma reviravolta e nossas referências não nos servem mais, dizemos: "a vida está de cabeça para baixo"; tudo saiu do lugar e reclama por nova ordem. Sua quarta função, segundo a tipologia de Jung, a sensação, é quem irá salvá-lo nesta situação extrema. Terá de observar, manter-se firme e aguardar. A espera, atributo do feminino, é exigida na situação e Ulisses se sai bem, conseguindo ultrapassar uma vez mais a morte. No entanto reclama consigo próprio, em voz alta, da repetição que faz do relato dos fatos. Flagra-se em um movimento de retorno sobre o mesmo.

A psique possui uma temporalidade circular, da mesma qualidade da mítica. Podemos notar que voltamos a situações vividas ou a temas em nosso caminho, como se percorrêssemos uma espiral e olhássemos as mesmas questões já enfrentadas, só que de outro ângulo, de uma perspectiva diferente. Quando voltamos ao mesmo ponto, em uma repetição não circular, mas linear, como o trajeto da pedra de Sísifo, estamos na neurose. Isso nos faz pensar que a questão da neurose – ou dos chamados "transtornos", na nomenclatura atual – não está apenas no conteúdo, mas também na forma pela qual abordamos um assunto, trabalhamos um complexo. As figuras parentais, por exemplo, são uma constante nas análises pessoais, mas, se as abordamos com a aridez da repetição, sem a adição do novo, a vivência é de permanência no mesmo lugar. A repetição faz parte do processo, mas traz o gérmen da renovação. O movimento hermético, que inclui o transcendente, aquilo que ultrapassa o igual, é sem dúvida circular e espiralado. O incômodo de Ulisses em perceber-se repetindo a Alcínoo e Areta a mesma aventura, talvez indique o impacto que essa passagem teve sobre ele e sua necessidade de integrá-la.

CANTO XIII

A cena volta, portanto, ao palácio de Alcínoo e sua recepção a Ulisses. O herói recebe presentes de todos, no movimento da cidade unida para lhe oferecer dotes. São feitas libações e oferendas a Zeus. Ulisses profere "aladas palavras" de bons augúrios aos seus anfitriões. É hora de partir. Ulisses se deixa conduzir, acompanhado de um manto e uma túnica, a arca com presentes, pão e vinho. É embalado num sono profundo, mais parecido com a morte. O veloz barco dos feácios chega a Ítaca e ali deposita Ulisses e seus pertences, sem que ele acordasse.

A qualidade desse sono profundo parece diferir dos anteriores: é um sono de descanso das inúmeras aventuras; sono de entrega e confiança de quem pode deixar-se conduzir pelo outro e acreditar no retorno.

Os feácios voltam, mas Posídon, uma vez mais, resolve interferir na história, incomodado por esse povo escoltar e repatriar pessoas. Pede autorização a Zeus para castigá-los. O divino olímpico concede-lhe o feito e sugere transformar o barco em um ilhéu para causar maravilha a toda gente, a fim de rodear a cidade com alta montanha para escondê-la. E assim fez Posídon. Alcínoo assiste a toda cena; lembra-se do antigo vaticínio feito por seu pai, quando lhe dizia para respeitar o deus Treme-Terra, pois ele se agastava com o povo feácio por escoltar a todos sãos e salvos. Alcínoo resolve não mais repatriar os mortais aportados em sua ilha. Imola doze touros na tentativa do deus dele se apiedar e desistir de cercar a cidade com uma montanha.

A transformação do barco em ilha alude a uma tentativa do deus de paralisar, como também de eternizar os feácios. Alcínoo não poderia mais contrapor-se à intuição de seu pai (intuição esta, dentro do mesmo padrão das predições anteriormente citadas de Polifemo e Circe), pois a vê confirmada. Rende-se ao divino e faz sacrifícios, imolando animais a Posídon, reconhecendo seu poder. Talvez sua *hýbris* tenha sido interferir no caminho daqueles que se buscam, facilitando-lhes o percurso. Ao fazer isso, age como se um deus fosse. Quem sabe a ira de Posídon seja provocada pelo fato da mão humana ousar auxiliar os navegantes de seu reino. Deus vingativo e cioso de seu território, não admite intrusões. Haja vista a perseguição a Ulisses. O castigo é imobilizar o que é móvel, fazer do barco, pedra.

Ulisses[1] chegou a Ítaca, mas não tem consciência do fato. Atená o envolve em névoa para manter sua identidade ignorada, até os pretendentes ao casamento com Penélope pagarem por suas transgressões. O momento é de grande inconsciência e confusão. Ulisses não reconhece a própria terra. Suas perguntas ao jovem pastor cuja aparência Atená assumiu são: "Que terra é esta? Que povo é este?" Está desorientado, como quem acorda de um sono profundo num local estranho.

Podemos pensar que se trate de outro Ulisses, transformado como também transtornado, aportando em Ítaca. Quando

---

[1] Coincidência astronômica permite saber o dia da volta de Ulisses. Num canto da Odisseia, um vidente prevê que a volta de Ulisses será acompanhada por um escurecimento do céu, um eclipse do Sol. Como os eclipses acontecem com intervalos de tempo regulares, esta informação permitiu determinar este dia. Sabendo o dia de um eclipse, subtraiu-se o período do eclipse até chegar ao dia 16 de abril de 1178 a.C. Esta é a hipótese de um artigo publicado por astrônomos na revista Proceedings of the National Academy of Sciences. http://calendario. incubadora.fapesp.br/portal/o-dia-da-volta-de-ulisses - 13.10.2008

chegamos a nossa meta, podemos, algumas vezes, viver momentos de confusão, quando a consciência se esforça por assimilar o novo e integrar o processo até então experimentado. Não é incomum observar, na clínica como na vida, pessoas deprimirem-se quando conseguem um intento, quando alcançam um objetivo duramente perseguido, quando completam um ciclo. Ulisses terá que se reorientar, bem como decidir sobre o destino de sua bagagem: carrega consigo uma arca cheia de riquezas, não mais pilhagens, mas presentes. Isto denota sua viagem proveitosa.

Atená volta à cena. Até então, nas aventuras marítimas de Ulisses, cedeu espaço a Posídon. Seu território é a terra firme, protegendo o herói guerreiro. Ulisses inventa longa história para o tal jovem, feliz por saber-se de volta a sua terra, mas tentando manter-se incógnito. Atená agora assume a forma de uma mulher; ouve com paciência o mais persuasivo e eloquente de seus protegidos heróis. Informa-o sobre não ser mais necessário usar de seus ardis com ela. Revela encontrar-se ali para armar um plano com ele. Seu desafio maior será suportar calado tudo quanto presenciar.

Todo o treino vivido e sofrido por Odisseu, ao longo de seu percurso, para conter o desejo, a ira, a vingança mais imediata, será a ele de grande valia. Presenciar, incógnito, os maus tratos sofridos por sua família, será um imenso desafio. Haverá de aguardar o momento certo e isso demandará paciência e eixo. A tentação maior será a de agir ou reagir. É um desafio pertinente a sua regência relacional, Posídon, cuja maior tarefa é justamente conter emoções avassaladoras, inundantes. Haverá de construir muralhas para as águas das emoções não irromperem, pondo tudo a perder. No sentido do processo de individuação, esse é o momento do *ego* fazer uso da discriminação duramente conquistada e colocar-se a serviço do *Self*, de um projeto maior, onde, no momento preciso, paciência e passividade do feminino unir-se-ão à ação ativa e objetiva do masculino.

Ulisses reclama de Atená tê-lo abandonado e age com desconfiança, sem reconhecer ainda o lugar. A desconfiança é um traço da personalidade de Ulisses, chegando às raias da paranoia. Relaciona-se a seu desejo de controle e liderança das situações: às vezes, é protetora, às vezes, promotora de distanciamento defensivo. Somente quando a deusa dissipa a névoa e mostra a ele os marcos da ilha, Ulisses se reconhece em sua terra natal. Atená confirma não ter entrado em guerra com Posídon, mas ter confiado o tempo todo na capacidade do herói em fazer o retorno por suas competências. Atená não explica nem justifica os porquês de não ter entrado em guerra ou confrontos com Posídon. Há muito a jovem deusa carrega os dissabores das contendas com o poderoso deus de todas as águas e dos subterrâneos. Lembremo-nos da disputa entre os dois pelo patronato da cidade de Atenas. A vitória de Atená acirrou os ânimos de Posídon, com o que ele decretou a carência de águas em toda a região do Peloponeso. Talvez seu comedimento em proteger explicitamente seu querido herói deva-se ao fato dela temer a piora das animosidades do divino Posídon contra Ulisses. Afinal, é filha de Métis, a deusa da justa medida e da prudência avisada.

De outra parte, se nos ativermos à leitura simbólica desse momento mítico, constataremos a sempre presença de Atená, enquanto figura anímica, inspirando, alertando, protegendo. Ao protegido, cabe saber ouvir, atentar para os alertas, escolher, optar e, muitas vezes, render-se aos propósitos do *Self*. Exclusivamente a Ulisses cabia a condição da escolha e, escolhendo, realizar a tarefa. Na grande maioria das vezes, todos nós julgamos escolher sem atentarmos para o tanto que somos escolhidos.

Retomando a saga heroica, Atená aconselha Ulisses a guardar seus bens na gruta consagrada às ninfas. Agora, já totalmente consciente e orientado, rende-se aos conselhos da deusa, devota preces e saudações às ninfas guardiãs, recolhe seus objetos preciosos na caverna, e senta-se com Atená a maquinar como pôr fim aos pretendentes de Penélope. Ela o transforma, dá-lhe a aparência de um mendigo miserável para não ser reconhecido, permanecendo anônimo e, ao mesmo tempo, livre para testar o afeto das pessoas em quem confia. Aconselha-o a procurar o porqueiro, com quem poderá informar-se de tudo quanto se passou durante sua ausência, a fim de ser bem recebido.

Ulisses será protegido, e é interessante atentar para esse fenômeno, justamente pela máscara, ou melhor, pela *persona* do oposto de seu atributo principal: de rei transformado em mendigo; de herói guerreiro, forte e ágil, em trôpego e frágil farrapo humano. Podemos pensar, nessa altura de seu caminho, o quanto Ulisses precisa retomar a dimensão do coletivo, despojar--se dos seus papéis e do poder neles imputados e, uma vez mais, esperar, conter, pacientemente tolerar. As muralhas de continência das intempestividades sombrias, decorrentes de sua regência Posídon, estão sendo elaboradas, estruturando uma nova psique, um novo Ulisses.

O porcariço Eumeu o acolherá e o receberá de bom grado com a seguinte frase: "... todos os forasteiros e mendigos vêm da parte de Zeus" (Homero, 2006, p. 163). Isso mostra o quanto o homem mais simples, homem da terra, é despojado de preconceitos e está aberto ao estrangeiro. Eumeu está próximo do instinto, do coletivo e da sombra, e é leal aos seus sentimentos.

CANTO XIV

Eumeu recebe Ulisses sem reconhecê-lo. Ambos foram criados juntos, mas, nesse momento, o passado está distante. Enquanto lhe prepara uma refeição com carne e vinho, conta de como ele e os ilhéus vivem ali, no reino, e de como lamenta a ausência do amo. Ulisses ouve com atenção a descrição dos abusos ocorridos em seu reino e cultiva dentro de si a vingança. Responde a Eumeu, sem que ele leve muito a sério suas palavras: "Ulisses voltará".

O porcariço deseja saber como ele ali chegou, e Ulisses inventa longa história, semelhante em muitas passagens às suas próprias aventuras e desventuras, alterando nomes e detalhes. Em seu relato, Zeus é o deus por trás de todas as atribulações. Fala de uma aventura pelo Egito, pela Fenícia, pela Líbia, em situações onde perdeu seus bens, foi subjugado como um escravo e submetido a duras penas. Eumeu não acredita totalmente no forasteiro. Homem de espírito reto, vai tornando-se amigo do herói enquanto reparte com ele e seus companheiros a comida. No seu modo de ser, sedutor e comunicativo, Ulisses conta um episódio para, estrategicamente, obter um manto, pois sente frio.

No seu primeiro contato com um conterrâneo, Ulisses encontra o homem simples e fiel. Ao rei, é requisitado, pois, que se porte com humildade, lado a lado com seu súdito. O retorno à casa, no sentido da centroversão aqui assinalado, retrata o fenômeno de *verter o olhar para seu centro, em uma busca interna de si mesmo*, como um encontro que demanda alteridade, ou seja, olhar o outro como um aspecto de si, desprovido da hierarquia do poder. Quando pensamos no trajeto de uma vida, vemos, como bem nos apontou Jung, o quanto há de um movimento de expansão no primeiro momento da vida, quando constituímos família, escolhemos um ofício, construímos nossas casas e projetamos um futuro. Todavia, na segunda metade da vida, o movimento passa a ser em direção a um centro, mais interno que externo, orientado pelo sentido, pelo significado, segundo uma perspectiva pessoal, onde a busca é dirigida para o si mesmo. O retorno a Ítaca tem esse cunho. Ulisses ruma em busca de seu eu profundo, como diria Fernando Pessoa, e portanto o papel de rei é algo secundário frente à necessidade de contato com o humano, em seu processo contínuo de humanização. Eumeu oferece-lhe ótima oportunidade para o Ulisses – rei encontrar, em si mesmo, o homem simples, redimensionando seus valores e seu olhar para o mundo. A fidelidade – ao outro e a si – será também um tema onipresente.

CANTO XV

Enquanto isso, Atená vai à Lacedemônia para trazer Telêmaco de volta. Apresenta-se a ele e o convence a partir de imediato, ir ter com Eumeu, passar a noite com os porcariços, e fazer Penélope saber de sua chegada, são e salvo. A prudência deveria ser observada. Assim, Telêmaco pede a Menelau para deixá-lo partir. O rei e a rainha Helena satisfazem o desejo de seu hóspede. Enquanto falavam, uma águia passa a sua direita, com um grande ganso branco em suas garras; Helena vaticina a volta de Ulisses e sua vingança sobre os pretendentes à mão de Penélope.

Telêmaco parte e acolhe em seu barco Teoclímeno, adivinho expatriado por ter matado um parente em Argos. Ao mesmo tempo, Ulisses pede, de modo indireto e sagaz, guarida ao porcariço, colocando a essa alternativa sua indesejada mendicância na cidade. Telêmaco acolhe; Ulisses é acolhido.

Eumeu conta sobre o destino de Laerte, após pergunta de Odisseu. O velho rei vive no campo, há muito tempo, desde a morte de Anticleia. O porcariço conta-lhe também sobre sua própria origem, de caráter nobre, de como chegara à ilha e fora recebido por seu amo.

É interessante notar o quanto esse paradoxo está presente em muitas passagens. Pessoas de vida simples, como o cuidador de porcos, têm, na realidade, um passado real. É como se a história chamasse a atenção para as falsas aparências e para a necessidade do homem aproximar-se de si mesmo, sem as máscaras defensivas para se ver como de fato é. Dar gasalhado ao forasteiro, comida e vinho ao estrangeiro, mesmo sem saber de quem se trata, mostra um valor do grego: denota uma abertura para o que há de mais essencial no homem, ultrapassando o aparente, a máscara social, o julgamento apressado. Além disso, do ponto de vista psicológico, depreende-se a certeza de, no mais das vezes, estar à sombra as mais valiosas dotações humanas. Como nos contos de fadas, em que o filho tolo é o competente para encontrar o tesouro, Ulisses encontra, no meio dos porcos, a pérola de Ítaca, onde pode se refugiar, descobrir a fidelidade, amizade e afeto; ou ainda, *areté* e *timé*, a excelência e a honorabilidade dos heróis.

A mesma cena de bom agouro presenciada em Esparta por Menelau, Helena e Telêmaco, volta a ocorrer, estando Telêmaco na companhia do adivinho Teoclímeno: um falcão voa por sua direita, tendo uma pomba em suas garras. A interpretação é igualmente favorável, reforçando a esperança do filho de reencontrar o pai.

A presença de inúmeras previsões ao longo de toda história ganha aqui o formato da predição pelo voo da ave, presente em muitos momentos da mítica. A atenção aos sinais auxilia os personagens a acreditarem em sua intuição, reiterando no grego a crença em um destino ou em uma intencionalidade de instância superior. A ave, usualmente significando espírito, está próxima do céu, e faz, como um *psicopompo*, uma ponte entre os deuses e o homem.

CANTO XVI

Telêmaco chega a Ítaca e dirige-se à cabana de Eumeu, onde finalmente pai – ainda incógnito – e filho se encontram. Conversam sobre os acontecimentos ocorridos em sua casa e, nesse momento, conjugam-se como um par *puer-senex*. No entanto as aparências e o julgamento precipitado podem enganar, pois fica claro, enquanto conversam, o quanto Ulisses encarna a polaridade *puer*, impaciente e irritadiço com as notícias de maus tratos ocorridos em seu palácio, ao passo que Telêmaco, tendo convivido com essa realidade durante anos, aprendeu a ser prudente e comedido. Seu epíteto, lembremo-nos, é "o ajuizado". A conjunção de ambos fará da revanche algo planejado e inteligente, digno de Zeus e Atená.

Telêmaco pede ao porcariço para levar a notícia de seu retorno a Penélope. Atená surge na porta da cabana, instando Ulisses a conversar e revelar-se a Telêmaco. A deusa o toca e transforma-o: corpo revitalizado, porte garboso, aparência mais jovem, vestes decentes. Ao se confrontar com o filho, fá-lo pensar ser ele um deus.

Telêmaco se dirige a Ulisses dizendo:

Diverso me apareces,
Tens, hóspede, outras vestes e outra cútis;
Certo és um dos celícolas. Benigno
Tu nos perdoa, e gratos sacrifícios,
E áureos dons haverás. (Homero, 2006, p. 280)

Ulisses revela-se como seu pai, mas sem conseguir o crédito do filho, que o julga, então, um demônio, por mudar sua aparência de forma insólita. Emocionado, o herói explica as ações de Atená sobre ele, mudando-lhe o aspecto. Telêmaco rende--se e se abraça ao pai. Ambos conversam e trocam informações sobre as venturas e desventuras do herói e sobre os pretendentes aboletados no palácio, suas armas seus poderes.

Fazer-se reconhecer diante do filho como pai, implicaria, para Ulisses, ter incorporado a função paterna e somente por uma sintonia inconsciente dos parceiros envolvidos o fato se daria. Afinal, não vê o filho há vinte anos, não tem registrado em si imagem objetiva do rapaz. Todavia Ulisses, de certa forma, vê-se refletido em Telêmaco, pelo porte, pela compleição física. Haja vista Helena, quando Telêmaco estivera recentemente em Esparta, antes do jovem se apresentar, ela o reconhecera como provável filho de Ulisses. Sabendo disso, Telêmaco deve ter escutado Ulisses com os ouvidos do coração. Também ele não tinha ideia da imagem do pai, mas carregava, em si, retratos de fantasias, desejos de alma e fabulações, decorrentes das histórias ouvidas sobre seu pai.

Revelada e aceita sua identidade, Ulisses dá ao filho instruções precisas do que fazer: voltar para casa, juntar os pretendentes, separar armas de forma despistada. O segredo de sua chegada deve ser absoluto, pois só assim saberão quem lhe é verdadeiramente fiel.

Na cidade, um arauto e o porqueiro chegam ao mesmo tempo para dar a notícia da volta de Telêmaco a Penélope.

Os pretendentes não se conformam com a sorte do rapaz, e tramam matá-lo antes dele fazer-se ouvir pelos habitantes. Há no grupo, no entanto, homens tementes de provocar a morte de alguém de sangue real: propõem, portanto, consultar antes os desígnios dos deuses. Penélope vai ter com os pretendentes para repreendê-los em seu desejo de matar o filho. Dirige-se a Antínoo, filho de Eupites, lembrando-lhe da chegada de seu pai à ilha. O velho fugia das ameaças e tinha medo, mas fora bem recebido por Ulisses. Como agora ele ousava tramar a morte de Telêmaco? Eurímaco, filho de Pólibo tranquiliza-a com falsas palavras, urdindo em silêncio o anunciado assassínio. Enquanto isso, Ulisses e Telêmaco conversam e recebem de volta Eumeu, depois de ter estado com Penélope e dado a ela a notícia da volta do filho em segurança.

CANTO XVII

Telêmaco vai à cidade para encontrar Penélope e pôr fim às suas aflições. Regozijado, feliz, garboso, tranquilo, seguro, altivo, segue para seu novo tempo de vida. Agora tem alguém para instruí-lo e completar seus ritos de passagem. O menino que partira em busca do pai retorna amadurecido. Quando se encontram, fica claro para sua mãe como Telêmaco se transformou em sua viagem. Fala como um adulto, tanto na forma quanto no conteúdo. Dá orientações e toma decisões com sabedoria e ponderação. Conta à mãe sua passagem por Pilos e sua conversa com Helena e Menelau, e a informação que lhe deram de terem visto Ulisses na ilha da ninfa Calipso, sem barco ou tripulação para trazê-lo de volta.

Conta, assim, uma meia verdade, tal como seu tataravô Hermes determinou a Zeus. Quando o crônida maior exigiu do filho não mais mentir se quisesse consagrar-se como décimo segundo olímpico, o deus traquinas respondeu: "Não mentirei, mas reservo-me o direito de não dizer a verdade por inteiro".

O adivinho Teoclímeno, autor da predição sobre a volta de Ulisses a partir do voo de uma ave, pronuncia-se também a Penélope. Enquanto isso, Eumeu conduz Ulisses para dentro do palácio, e dá-se início a uma série de provocações dirigidas aos dois, a começar por Melântio, que conduzia cabras para o jantar dos pretendentes. Ulisses suporta as ofensas e violências, inclusive físicas, contendo seus ímpetos de retaliação. Adentrando a mansão, vê primeiro seu cão Argos. O animal abana-lhe o rabo, mas já sem forças para recebê-lo e, emocionado talvez por rever o dono, morre ali mesmo.

O cão simboliza a fidelidade a Ulisses, guardada durante esses vinte anos. Passou o tempo do cão, marcando a ausência do amo, pois o retorno deste, finalmente dera-se. De outra feita, o momento é significativo para Ulisses: irá checar justamente a fidelidade dos que for encontrar, depois de todos esses anos de ausência. Como o cão reconhece o dono, não importa sob quais trajes se apresente, Ulisses descobrirá quem de fato o reconhece, sob as roupas de mendigo, o homem grandioso que ele é.

Ao lado disso, com a morte do cão a acompanhá-lo, podemos pensar em Argos como um aspecto instintivo domesticável, integrado em Ulisses ao regressar. Ele está prestes a proceder a um massacre, mas deverá fazê-lo sem perder de vista o objetivo e o significado de tamanho derramamento de sangue. Deverá ser ao mesmo tempo firme e justo, selvagem e doméstico.

Telêmaco chama Eumeu e Ulisses para perto, e coloca em movimento várias situações, pondo à prova os pretendentes usurpadores. Ulisses pede comida aos visitantes e recebe palavras rudes.

O paradoxo aqui presente é o da realeza e da mendicância, bem como o do selvagem, instintivo e do civilizado. Há um mitologema insinuando-se. Como já foi dito, no homem aparentemente pobre e desprovido de riquezas ou conhecimentos pode também estar um valor verdadeiro. Assim como o porqueiro tivera uma origem nobre, os dois opostos se aproximam em Ulisses ao encontrar-se disfarçado sob um manto de pobreza. O divino pode estar no profano, e é preciso não se esquecer o quanto tudo pode mudar a qualquer instante. Basta o desejo de um deus. Daí decorre o espírito hospitaleiro, reinante na Grécia. Há consciência e profundo respeito pelo fato do amanhã colocar qualquer um na condição de necessitar de ajuda, da mão amiga a dar de comer e beber, por mais nobre que se tenha sido um dia. Antínoo, o incitador de cólera pelas palavras, fere Ulisses na espádua direita. Os presentes desaprovam a atitude, e lembram: "o mendigo pode ser um deus celeste disfarçado em forasteiro, averiguando a retidão e a insolência dos homens". Penélope pede a Eumeu para trazer o estrangeiro: quer indagá-lo sobre Ulisses.

O porqueiro tem o papel de ponte, de elemento de ligação entre Ulisses e Telêmaco, Ulisses e sua cidade, Ulisses e Penélope.

O herói, no entanto, manda dizer-lhe que esperasse mais um pouco, até o pôr-do-sol, pois teme a brutalidade dos pretendentes, prudência que ela não tem como não acatar.

O clima de ameaça e desassossego cresce entre todos. A apreensão pelos castigos que estão por vir parece permear o inconsciente dos pretendentes. Há que se fazer algo – a ameaça mais objetiva recai sobre Telêmaco, pois ele pode ser o vingador. O menino virou homem e se faz presente povoando o ambiente com a aura de Ulisses.

CANTO XVII

CANTO XVIII

Há um confronto entre um mendigo da região de nome Arneu, também chamado de Iro (tal como a deusa mensageira Íris), e Ulisses, quando aquele o manda sair da soleira, sentindo-se dono do local de mendicância. Ulisses o desafia habilidosamente a uma luta e, tendo aparência de um idoso, tem o desafio rapidamente aceito. Ulisses o atinge com um só golpe, e todos têm de aceitar o acontecido.

Em seguida, Penélope resolve mostrar-se, apesar de não fazê-lo com frequência, pois as dependências do palácio reservadas às mulheres eram, segundo costume, situadas na parte superior da construção, e a rainha evitava ao máximo o contato com o ambiente estabelecido no andar inferior. Os pretendentes rezam para deitar-se a seu lado. Todos lhe trazem presentes, na esperança da formosa rainha decidir-se por algum deles, o quanto antes. Por ora, Ulisses ganha tempo para seus planos. Recebe mais impropérios de Eurímaco: o ousado pretendente tenta atingi-lo com um escabelo[1], mas erra a mira. Telêmaco coloca ordem no

---

[1] Escabelo é um banco de espaldar comprido e alto, ou também pequeno banco para descansar os pés.

local, mandando a todos se recolherem. Fala novamente como um adulto, com coragem e determinação.

Enquanto Ulisses mantém-se firme em seu eixo, resistindo explodir em um ataque de ira pondo tudo a perder, os circundantes, ou melhor, os abusados pretendentes vão justamente desestabilizando-se e partindo para agressões cada vez mais desproporcionais. Tal processo lembra as lutas marciais orientais cuja prática requer do aprendiz um controle de sua impulsividade e o olhar atento para dentro de si. Essa atitude faz o adversário menos equilibrado, ressentir-se do golpe, mesmo tendo sido ele o agressor. Nesse momento, Ulisses faz um uso criativo de seu controle, colocando-o a serviço de sua meta maior, em auxílio do seu equilíbrio.

Cada vez mais, a aura ameaçadora faz-se presente. O ambiente recende a Ulisses. Telêmaco cresce em competência e maturidade. A mãe, Penélope, já não o reconhece mais como um menino, tantas vezes assustado e ressentido pela ausência do pai. O coletivo em cada um dos participantes sabe: o perigo se anuncia. O coletivo sempre sabe antes de a consciência individual atinar para o fato. As demandas emergem, as intuições se fazem presentes, os sonhos anunciam o futuro provável. Nesse momento mítico, a ameaça paira no ar sem que os pretendentes atinem de onde vem!

CANTO XIX

Telêmaco e Ulisses preparam o morticínio dos pretendentes. O filho dá desculpas aos empregados para colocar as armas de guerra todas juntas em um aposento. Ulisses dirige-se a um breve encontro com Penélope, como havia prometido, para ela fazer-lhe as perguntas sobre o esposo desaparecido. A sensata Penélope, como é sempre referida, conversa com o forasteiro e quer saber quem ele é e de qual cidade vem. Ulisses precisa fugir às questões que o obrigariam a revelar sua identidade. Assim, fala de outra origem imaginada. Penélope, por sua vez, fala das suas artimanhas para enganar os pretendentes e ganhar tempo, na esperança da volta do esposo: teceu, durante três anos inteiros, uma mortalha para Laerte. Assim, quando a dolorosa morte o levasse, ela poderia dignificá-lo perante os aqueus com um glorioso sudário. À noite, desfazia o trabalho feito de dia. E dessa forma conseguiu iludir a todos até o início do quarto ano, quando foi constrangida a terminar a tecelagem e enfrentar seu destino.

Pensemos no símbolo da tarefa autoimputada de Penélope. Ela tece e desfaz o tecido, todos os dias, qual Sísifo rolando a pedra morro acima. No entanto, não se trata de castigo ou expiação, mas de uma estratégia para ganhar tempo, pois ainda nutria a esperança do retorno do esposo. A morte está, como em Sísifo, envolvida nessa questão. Ela tece a mortalha para o pai de Ulisses, como se evocasse, assim, a ordem da vida a ser seguida: primeiro morre o pai, para depois morrer o filho. O movimento repetitivo do fazer e desfazer, dia após dia, noite após noite, denota o represamento da energia vital, que não flui para nada criativo, mas fica amarrada à questão do desenlace a ser evitado.

Penélope não deseja nenhum dos pretendentes, e não quer acreditar na morte de Ulisses. Precisa de notícias, trazidas por alguém, que o tenha visto, vivo ou morto. O trabalho de tecer a mantém presa ao mundo imaginário durante o dia; à noite, ao contrário, é preciso pôr os pés no chão e dar sequência ao plano. São as servas, elementos das sombras, a fazer vazar o estratagema, rompendo o ciclo da viciosidade. Há algo nelas – o criativo contido no sombrio – denunciando a necessidade de se ocupar da questão de outra forma, pedindo confrontos, e menos dissimulação. A estratégia por um tempo dera certo, mas, de repente, passa a funcionar de forma nefasta; a permanência nesse movimento repetitivo traria consequências destrutivas a todos.

No momento em que Penélope não mais pode fingir tecer a mortalha de Laerte, Telêmaco está para alcançar os 21 anos de idade, completando, portanto, o seu terceiro estágio nos ritos de passagem. Há muito, deixara de ser criança e já findava sua adolescência. É mais do que hora para o adulto aparecer; adulto para ditar seu destino, casar-se e constituir sua própria família, reger suas terras e seus súditos. É tempo de deixar a casa paterna, tempo de deixar seu papel-função de substituto do pai, deixar a condição endogâmica com a mãe. O momento pede ação.

Ulisses, na pele de mendigo, inventa histórias: diz ter vindo de Creta, ser filho de Deucalião, neto de Minos. Afirma ter estado com Ulisses e trocado presentes. Penélope acredita no relato e chora; todavia pede detalhes da roupa usada por Ulisses, bem como de seu aspecto físico e de seus camaradas. Precisava de mais certezas. Ulisses descreve com minúcias sobre seu manto e sobre o estado de seus companheiros, provocando em Penélope mais lágrimas pungentes por reconhecer no relato cada detalhe do manto do esposo ansiado. Penélope passa a tratar o mendigo com ainda mais estima e respeito. Ulisses insiste em afirmar sobre o fato do esposo de Penélope estar vivo, em breve regressando ao lar e trazendo-lhe presentes angariados em outro país. Ela resiste em crer, mas acolhe o forasteiro. Oferece-lhe cama com cobertas brilhantes e um banho com unção de óleos. Ao finalizar o encontro, tece comentário estranho, levando Ulisses a refletir a respeito da figura dos forasteiros. Disse Penélope: "quem não tem pena dos outros é esquecido até pelos deuses; mas quem é impecável consigo e com o próximo, ganha larga fama e celebração de sua nobreza".

O forasteiro, depositado na figura de Ulisses, é justamente o responsável pela divulgação dessa atitude, como uma espécie de *psicopompo*.

O encontro a sós entre marido e mulher, sendo a identidade do primeiro ainda oculta, mostra um cuidado muito grande de Ulisses em buscar verdade nas lágrimas de Penélope. Ele parece ter uma necessidade quase obsessiva de garantias do amor da mulher e de sua condição de expectante. Comenta a compaixão necessária ao que vem de fora. Novamente, não se sabe onde reside o sagrado; ele pode estar em qualquer lugar e o respeito ao outro – *alter* – é uma virtude a ser observada.

Ulisses aceita o banho e o ritual do lava-pés, desde que quem o faça seja uma mulher idosa e leal, tão sofrida quanto ele.

A intimidade de ser tocado nos pés só poderia ser dada a alguém com longos caminhos percorridos, como ele próprio. Ulisses sabe ser esse ato uma situação além de um simples lavar; é mais, é o compartilhar de algo muito íntimo. E, de fato, será Euricleia, sua serviçal, ama de leite, mãe substituta, – aquela que já intuíra algo semelhante ao solerte herói no talhe e na voz do mendigo –, quem irá descobrir a cicatriz acima do joelho, marca da identidade de Ulisses, resultante da caçada ao javali que, por pouco, não o levou à morte. Ulisses repreende Euricleia por sua reação emocional ao reconhecê-lo, e a faz entender o quanto é necessário manter segredo para o bem de todos. A história de como Ulisses ganhou a cicatriz é retomada nesse canto do poema, como também a origem de seu nome. Autólico, seu avô, injuriado por homens e mulheres com quem cruzara no caminho ao ir visitar a filha Anticleia, quando do nascimento do neto, sente muita raiva, ódio. Ambas palavras, *ódio* e *Odisseu*, em muito se assemelham na língua grega. Conta o mito ter sido o nome Odisseu dado pelo avô, por conta desses incidentes. Nesse dia, Autólico comunicou aos pais do neto que, quando o menino estivesse crescido, poderia visitá-lo no Parnaso, para receber alguma riqueza. E a caçada ao javali, da qual Ulisses participou, causando-lhe profunda ferida e permanente cicatriz, aconteceu exatamente ali, no Parnaso, terra de seu avô, conquistando assim o herói a marca indelével de sua identidade. Nascimento e nome estão relacionados com a cicatriz, expressão simbólica da imparidade do herói. A par disso, podemos constatar, nesse momento mítico, o quanto a intimidade e a intimização são capazes de trazer à tona a verdade disfarçada.

Penélope pede ao mendigo conselhos sobre o que fazer: continuar esperando o esposo ou escolher um pretendente e pôr fim à exaustiva situação de que é vítima. Conta-lhe um sonho, no qual uma águia mata seus vinte gansos. A rainha chora após contar o sonho. Ulisses diz-lhe que certamente a mensagem do sonho aponta para a vingança tão esperada. Penélope mais uma vez hesita em crer no que ouve, desiludida que está, e fala de seu desejo em lançar uma competição: aquele que retesar o arco de Ulisses e fizer passar nas doze achas uma única flecha, este será o escolhido com quem ela seguirá, abandonando sua casa. Ulisses a incentiva a propor esta competição o quanto antes, vaticinando que o esposo estará ali para participar desta cena.

Interessante atentar para os desdobramentos simbólicos dessa passagem. O choro de Penélope, após contar o sonho para o mendigo, antes que qualquer interpretação se faça, pode ser entendido de diferentes maneiras. A águia é vista como representação simbólica de Zeus. Todavia Ulisses assume para si essa condição. É ele quem se propunha a destruir, matar os pretendentes. No sonho, são vinte os gansos, e esse número tem especial significado no poema homérico. Sabemos de uma fala anterior de Telêmaco que os pretendentes eram mais de vinte. Assim, Penélope pode entender o sonho como o término do período de espera e, portanto, poderia representar o retorno do esposo ou a eminência dela ter, pela frente, um novo casamento, fato esse proposto pelo próprio Ulisses, quando de sua partida: "se eu não retornar até quando barba surgir no rosto de meu filho, é tempo de você ter outro companheiro".

Apesar das dúvidas invadindo o universo subjetivo de Penélope, ela traz uma proposta – realizar uma competição entre os pretendentes, usando o famoso arco de Ulisses –, proposta esta continente de outras ambiguidades. Estaria ela aceitando a possibilidade de outro marido? Ou intuindo o retorno de Ulisses, imaginando a presença do esposo para livrá-la do desfecho da competição? Ou, mais ainda, saberia ela que ninguém, senão o próprio Ulisses, teria competência para vergar o famoso arco e destreza suficiente para passar pelo cabo dos doze machados?

Que levaria Penélope a propor tal disputa?

Possivelmente, a rainha, possuidora de dotes intuitivos, sabe do retorno de Ulisses, mesmo sem ter a lucidez de consciência. Dessa forma, quando o mendigo interpreta o sonho como a vingança fazendo-se com a morte dos pretendentes, apesar de não compreender, Penélope entra em sintonia com a aura do momento, aura que tanto inquieta os pretendentes, mas confere a ela tranquilidade: certezas.

A proposta de Penélope, ao responder a ambas as perguntas numa mesma ação, ou seja, deve escolher um dos pretendentes e ao mesmo tempo também esperar pelo retorno do marido, inclui, de forma paradoxal um terceiro e novo elemento emergente, qual seja: o novo pretendente é o próprio Ulisses. Ele entrará nessa longa fila como o favorito, embora quase todos não o saibam. O arco de Ulisses pertence somente a Ulisses. Só ele é capaz de retesá-lo. É mais um atributo de sua identidade. Penélope fez da intuição parte da escolha. O previsível fracasso geral faria com que permanecesse, com a chancela de todos, na sua condição de esposa expectante, perpetuando, no entanto, a sua prisão. Esta seria a verdadeira mortalha da mãe de Telêmaco. Mas, se não pôde confiar na imagem de seu sonho, Ulisses o fez por ela. Para ele, também esses sinais eram importantes e a tensão do momento subia vertiginosamente. Estava, afinal, prestes a reencontrar seu destino.

O desespero de Penélope aponta para uma situação de angústia e aflição em que muitas vezes nos encontramos quando nos vemos sem saída de uma situação. Ela mal conhecia o mendigo, e já pede conselhos a ele. Do mesmo modo, o *ego* consciente quer resolver o problema e busca respostas, seja onde for (práticas de ocultismo, profissionais de adivinhação, religiões, ou quaisquer lugares ou pessoas que possam apontar uma solução). Mas o mito nos diz que o trabalho de cada um é assim: individual. Há que aguentar a tensão dos opostos para que o *tercium non datum* ganhe espaço, o terceiro e novo elemento surja com o desenlace. Vemos como, na hora do desespero, perde-se a confiança no que se tem de mais valioso, mas nem sempre evidente. Penélope não sabe como compreender o sonho que teve. Ele já trazia ali a resposta as suas aflições, mas o destempero causado pela angústia de uma resposta nubla a sua visão. Ela deixa de ser previsão e passa a ser cegueira.

CANTO XX

O canto homérico inicia-se com um tributo às transformações criativas retratadas por Ulisses. Como mendigo, dorme num vestíbulo de onde ouve as vozes das mulheres procurando os pretendentes. O fato lhe é aviltante, mas dirige-se a si mesmo e, num processo de reflexão, contém-se. Já vira coisa pior, como a morte de companheiros causada pelo Ciclope, quando sua astúcia o salvou de um fim trágico.

Este é seu desafio: dar continência às reações explosivas, controlar e incorporar seu lado Posídon, tornando-se senhor de suas intempestividades, exercendo-as de forma consciente, qual Atená quando integra seu lado Medusa. É necessário ter em si o equilíbrio, para conter, com harmonia, as forças antagônicas. Menos transbordamentos emocionais e mais estratégias. A canalização dessa emoção na contenção e na espera do momento certo implica uma observância constante, um estado desperto de alerta e cuida para que seu percurso possa desembocar na retomada de seu reino. É preciso conjugar o masculino ativo com o feminino passivo dentro de si.

Ulisses pede ajuda a Atená, pois teme não ficar impune se conseguir o feito heroico de matar os mais de vinte homens. A raiva despertada por tal morticínio poderia ficar sem revanche? Atená assegura protegê-lo do início ao fim. Penélope, em seus aposentos, queixa-se de sua sorte, enquanto Ulisses pede para Zeus mandar-lhe um sinal, um bom augúrio. É um momento de grande tensão. Momento que precede ações importantes. As questões levantadas nessas circunstâncias geralmente se apresentam como:

Estarei na direção correta? Se escolher uma das direções, a aparentemente melhor, sairei ileso? E se estiver enganado?

Tanto Penélope quanto Ulisses têm decisões cruciais a tomar. O próximo passo deve ser dado e ele mudará toda a configuração atual. Penélope deve acreditar nos vaticínios sobre o retorno de Ulisses, ou esperar por mais tempo? Quanto tempo? Como deixar ser destruído tudo quanto fora construído, prejudicando o filho, herdeiro das riquezas do pai? Ulisses deve ou não sair do anonimato? Quando? Será capaz de matar todos os pretendentes e aliviar a dor de Penélope, revelando, finalmente, sua identidade e seu retorno?

Zeus benevolente manda um trovão do Olimpo, e uma serva de dentro da casa comenta ser aquele um sinal; sendo assim, manifesta seus votos que seja aquele o último jantar no solar de seu amo. Tal fato alegrou o coração de Ulisses, que compreendeu o sinal como um bom presságio. Preparam, pois, uma festa. Continua verificando quem de fato é amigo e fiel, e quem trata o amo e sua memória com desdém.

Filécio, um vaqueiro que se aproxima, dirige palavras amigáveis a Ulisses, mendigo, desejando que o futuro lhe reserve prosperidade. Acha o forasteiro parecido com Odisseu e isso o faz recordar o amo e suas virtudes. Também espera, como tantos outros, que ele esteja vivo e retorne a casa. Ulisses lhe fala como se vaticinasse a volta do amo, trazendo-lhe palavras esperançosas.

Enquanto isso, os pretendentes articulavam um plano de morte para Telêmaco; mas uma ave veio em sua direção pelo lado esquerdo, levando uma pomba em suas garras. Tal visão foi imediatamente interpretada como "um projeto fadado ao insucesso", e não se falou mais disso. Foram ao banquete.

É interessante notar o quanto as profecias, em especial as atinentes ao voo das aves, têm um poder revelador para os aqueus. Levam a sério os sinais e os respeitam, mesmo quando não correspondam aos seus desejos. Há uma consideração profunda aos deuses, e a seus possíveis planos para os mortais. Diferentemente dos outros voos observados, nesse, descrito no Canto XX, o pássaro toma a direção esquerda, que tem um caráter negativo, ou desfavorável, sendo o lado esquerdo associado ao desconhecido, ao escuro, ao inconsciente e, portanto, de difícil controle. Dali podem surgir monstruosidades e o inesperado. O lado direito, no entanto, se ligaria à consciência, ao conhecido e amigável. Certamente, esta é a forma como o ego sente tais questões, e fica ameaçado por aquilo que não pode compreender ou conter, ou lidar com "destreza".

Telêmaco está se expressando de forma cada vez mais madura e sensata. Dirige-se aos pretendentes de modo destemido e ousado. A mágoa no coração de Ulisses aumenta, à medida que a tensão também cresce. Ctesipo o ataca com palavras sarcásticas, e joga em sua direção um casco de boi que quase lhe atinge a cabeça. Quem põe limites a esta atitude é Telêmaco, afirmando ser capaz de distinguir o bem do mal, dando assim notícias de seu amadurecimento. Sente-se ultrajado pelo comportamento dos pretendentes e declara explicitamente seu descontentamento. Agelau contra-argumenta, e expressa o desejo do grupo: Penélope precisa se definir e casar-se com um deles, pois a possibilidade de Ulisses retornar é cada vez mais remota. Sugere à rainha desposar aquele que mais lhe oferecer presentes, o mais nobre, alguém competente para administrar as riquezas do filho de Laerte.

Telêmaco lhe responde não ser ele quem adia tal decisão; antes, tenta induzi-la a tomar a iniciativa. Mas jamais irá mandá-la embora de sua própria casa. O clima e as discussões são de provocações, dando a impressão crescente da iminência de uma tragédia. Penélope está ali, ouvindo a todos.

Interessante atentar para o quanto as demandas de cada um emergem de forma mais clara e explícita, impondo-se de tal maneira ao campo da consciência que não há mais como se evadir, defender-se das decisões a serem tomadas. Os fatos e os feitos se precipitam. Haveremos de pensar que o clima de tensão era tão intenso, bem como as ameaças anunciadoras de maus presságios para os pretendentes traduziam-se com um caráter mais e mais angustiante, que todos ansiavam por definições. A ação exige espaço!

CANTO XXI

Penélope, incitada por Atená, finalmente propõe aos pretendentes no solar de Ulisses, uma competição com o arco do marido – presente do amigo Ífito, filho de Eurito – e com a lança, oferecendo como prêmio sua mão em casamento. Sua fala denota absoluta consciência de ser vista como um troféu entre os homens, e sabe perfeitamente bem que somente uma atitude radical como aquela poderia pôr fim ao pretexto usado para dela abusar. É como se oferecesse a si mesma em sacrifício. De outra parte, propõe o desafio a todos: retesar o arco de Ulisses e varar doze achas com um só disparo. Quem seria suficientemente competente para tal tarefa? Eumeu e o vaqueiro se emocionam ao ver o arco do amo e retratam, com esse gesto, nova mostra de fidelidade. Telêmaco se pronuncia com o intuito oculto de atrair os homens para a armadilha. Ele próprio ordenou e fincou as achas de armas, e provou o arco, sem sucesso. Conclui ser moço demais, e ainda fraco para a tarefa. Em seguida, todos os pretendentes se apresentam, um a um, como candidatos, na esperança de lograr o feito. Mas, cada vez mais, para o espanto de todos, sucessivamente falham.

Concomitantemente, Ulisses se revela a Eumeu e Filécio, tendo sempre a cicatriz como seu documento. Requisita a ajuda de ambos para pôr em prática seu plano. Cerrarão as portas e portões e alertarão as mulheres para que se calem e aguardem nos quartos. Retorna ao seu disfarce de pedinte e manifesta publicamente seu desejo de experimentar o arco. Em troca recebe a indignação dos pretendentes: o homem era mesmo muito pretensioso! Afinal, a par de amargarem a derrota de não darem conta da tarefa proposta, e também de lhes custar muito aceitá--lo a mendigar e a acompanhá-los nas refeições, suportar serem colocados em condição de paridade com tal repugnante criatura seria ofensivo demais.

Fica claro nessa passagem o grande medo do sucesso alheio que toma aqueles homens. Antínoo acha argumentos pouco convincentes para impedir Ulisses de fazer sua tentativa. Seria deveras humilhante perder a competição para um homem que lhes causava asco e desprezo. Como aceitar algo vindo da sombra, algo continente de um poder *numinoso* mais significativo que o vivido na consciência? Deixar o mendigo participar seria profundamente revolucionário.

A tentativa frustrada de Telêmaco seguida do argumento de ainda não ter a força necessária para vergar o arco denota ter ele ainda como tarefa de vida encontrar seu próprio caminho, bem como explicitar a condição de não mais assumir encargos que não são seus. A tarefa proposta reclamava ser cumprida pelo herói – esposo – pai, e todos os pretendentes falharam por motivo similar. A força, em si mesma, não é mais um atributo decisivo. A tarefa não pede esta qualidade, tão fundamental em outros momentos de guerra. A batalha aqui é de outra ordem. A força necessária para curvar e armar o arco virá de uma fonte interna e pessoal. Simbolicamente, cada um tem o seu próprio arco a armar, e sua própria habilidade de colocá-lo em ação.

Penélope se manifesta a favor do mendigo, afastando a hipótese de desposá-lo, caso conseguisse de fato armar o arco. Eurímaco teme perderem suas reputações, caso sejam os pretendentes sobrepujados por um homem vestido em andrajos. E Penélope, sensata, lembra *não haver reputação a zelar: tal zelo nunca esteve presente. A conduta dos homens pretendentes, devorando por anos a casa de um nobre, retrata a descompostura de todos.* Se ele armar o arco, ela promete vesti-lo, calçá-lo e armá-lo, além de proporcionar-lhe condução para onde bem quiser.

Oferece, assim, a reconstituição da sua dimensão social, sua apresentação ao mundo, com elementos de defesa. Poderá ser visto e respeitado por outros homens, fazendo jus a sua origem nobre. Penélope oferece ao mendigo – Ulisses – o resgate de sua inserção na *pólis*.

Telêmaco interrompe a mãe para demarcar os territórios dos homens e das mulheres. A ele cabe dar o arco a quem lhe aprouver. Portanto, ela deve voltar aos seus aposentos e cuidar do que lhe diz respeito. Sabemos que com essa fala Telêmaco poupa a mãe de presenciar o morticínio. Assim ela o faz, e Atená deita-lhe sobre as pálpebras um doce sono.

A deusa tem esse papel em muitos momentos: adormecer o feminino para conceder espaço ao masculino. Assim, a ação heroica pode se dar, enquanto o feminino pacientemente espera.

O porqueiro leva o arco a Ulisses, mas o caminho até ele é tenso, fazendo-o hesitar por medo. Os pretendentes riem de Telêmaco e de suas ameaças e tentam causar grande impressão de força e jugo com suas presenças e falas rispidas. Tamanha dificuldade para atravessar o salão para fazer o necessário ou imprescindível para o momento, dá uma ideia da pressão envolvida na situação. Eumeu, finalmente, consegue alcançar Ulisses e depositar o arco em suas mãos; em seguida, vai em direção a Euricleia para orientá-la no trancar das portas.

Ulisses, sob o escárnio dos homens à sua volta, arma o arco com facilidade. Zeus manda trovões como sinal de bom augúrio. O coração do rei do solar se alegra. Incontinente, diante do espanto de todos, com certeza até mesmo do filho, lança a seta através da fenda das achas.

O herói se revela, como se manifestação hierofânica da divindade. Deixa os andrajos, a postura humilde, dando lugar ao porte magnífico, à presença imponente. Não há mais como não reconhecê-lo. Ulisses retornou, impávido, senhor de seu reino. A emoção e o fascínio tomaram conta dos servos fiéis e mais, muito mais, deslumbraram Telêmaco. O jovem se depara com a figura guerreira, tão famosa; o filho se defronta com o pai tão esperado, desejado, sonhado. Se alguma dúvida restasse, esse é o momento em que são dirimidas todas as questões.

Aos olhos dos pretendentes, entretanto, a par do reconhecimento impositivo do magnífico Ulisses, o terror da descoberta invade os corações de todos eles. O tão temido senhor do castelo está presente. Brandão (2000, p. 482) afirma que ao se despojar dos andrajos, "despiu-se também o herói do homem do mar", e surge novamente o homem da guerra.

CANTO XXII

Ulisses dá início à chacina. Depois de matar Antínoo sem qualquer traço de piedade, faz ressoar a temida voz: "Eu sou Ulisses!". Ecoando pelo salão, provoca o terror em todos. Eurímaco tenta negociar o seu fim, prometendo indenizar o herói até conseguir seu coração apaziguado, sua ofensa reparada. Todas as falas não fazem mais o menor sentido para o solerte Odisseu, mesmo porque a possessão demoníaca do complexo vingador entrou em cena. Eurímaco instiga os demais homens a atacá--lo, todos juntos de uma só vez. Mas, no instante seguinte, já está morto com uma seta em seu peito. Telêmaco auxilia o pai buscando escudos, lanças e elmos de bronze – o metal da guerra – e armando Eumeu e Filécio. Dão sequência à matança. No entanto, Telêmaco deixara a porta da câmara de armas aberta, o que possibilitou Melântio entrar e armar alguns homens. O porqueiro e o vaqueiro o prendem e o deixam pendurado, atado a uma coluna, para que padeça duras penas.

Este "esquecimento" (ato falho?) de Telêmaco talvez indique a necessidade de dar aos adversários chance de combate, e assim uma luta mais justa. Atená se faz presente na figura de Mentor, e lembra a Ulisses que piedade não tem lugar nesse momento.

Faz o papel de memória, memória que estrutura psique, define valores e princípios, pondo foco na tarefa, apontando metas imperiosas, incitando iras necessárias, como se meio fosse para a consecução dos fins. O herói emergente não pode hesitar! A todos Ulisses atingiu. Liodes pede clemência, abraçando os joelhos do guerreiro e se autoimputando inocência. O filho de Laerte, no entanto, não se deixa enganar e tem o coração endurecido pela vingança. Mata sem piedade. Poupa o aedo, "que canta para os deuses e para os homens" e que lhe informa ter sido levado à força para seu solar pelos pretendentes. Telêmaco faz coro com o aedo, e pede também por Medonte, o arauto. Ulisses lhes assegura a vida, e lhes fala da responsabilidade em dizer aos outros: *mais vale a prática do bem que a do mal.*

É preciso manter alguém para contar, ou cantar, a história. O arauto e o aedo são as melhores figuras para tal função. O cantor e o contador são vistos sempre com compaixão, como se, por estarem a serviço da arte, da manutenção de memória dos feitos e fatos, estivessem acima das disputas e dos lados. Há um enorme apreço pelos cantores, cuja função primeira é a de alegrar e insuflar nos corações palavras doces que encorajem o herói e todos à sua volta. Como o bobo da corte, que tem a licença de tudo observar e tudo falar, o aedo e o arauto são representações da consciência na sua faceta não julgadora, com a nobre função de registrar e contar – e assim, eternizar – o vivido.

Beye (2006) coloca em seu romance Ulisses cantando, a partir de um determinado ponto, a sua própria epopeia, como se o herói, ao ser questionado sobre seus feitos em cada lugar por onde aportou, tivesse desenvolvido essa arte. Podemos considerar essa habilidade como algo novo, expressão de nova faceta das transformações do insigne personagem, pois se trata de recurso expressivo, antes ausente, que incorpora e passa a exercitar. Ulisses canta a sua história, e faz-se, assim, um aedo.

Do ponto de vista psicológico, a aquisição de nova habilidade, o desenvolvimento de um talento, a abertura para uma expressão artística, tem importância que ultrapassa a condição de ser uma realidade tão somente terapêutica ou coadjuvante do processo. O fato, em si mesmo, configura condição curativa e necessária. Faz parte do processo de individuação a tarefa de encontrar qual é a melhor expressão de cada um, que *face* dar a essa forma de a psique se manifestar, qual é a *minha*, a *sua*, a *nossa* arte.

Todos mortos, Ulisses chama Euricleia para proceder à limpeza daquela triste cena. Ele a adverte: "É pecado festejar a matança de homens" (Homero, 2006, p. 265). Pede a ela para apontar quais mulheres da casa o desonraram: a elas também reservara seu ódio. Das cinquenta escravas, doze desrespeitaram tanto a ela quanto a Penélope, aliando-se aos pretendentes. Todas foram chamadas, e depois de limparem o cômodo, foram encaminhadas a um local fora da mansão; Telêmaco montou-lhes uma forca, matando as doze da forma mais mesquinha. A Melântio, que jazia pendurado, aguardando seu destino, coube a crueldade final: cortaram-lhe o nariz, as orelhas, os órgãos genitais – dados aos cães – e deceparam-lhe as mãos e os pés.

Para finalizar, Ulisses defumou o salão, a casa, o palácio com enxofre. Recebeu, finalmente, as mulheres, emocionando-se com o acolhimento e falas de boas vindas. Restava encontrar Penélope.

A traição fora castigada exemplarmente; Atená esteve sempre presente para Ulisses não fraquejar. Não havia espaço para ilicitudes. A morte coletiva marcava o fim de um ciclo e início de outro. Morreram os pretendentes, morreu a criança Telêmaco, morreu o Ulisses errante.

O número doze, referente às mulheres acusadas por Euricleia de terem-no afrontado, também é indicador de um ciclo completo, como o são os doze meses do ano, os doze signos do zodíaco, os doze apóstolos, os doze olímpicos e muitos outros. Talvez tenha sido a primeira participação ativa de Telêmaco, mais diretamente sobre as mortes. A forca, considerada a forma menos honrosa de morte, foi a condição escolhida. Pôs, assim, fim a sua adolescência e matou o feminino traidor. Podemos pensar, como o faz Beye, que um lado sádico e vingativo do rapaz achou vazão nessa ação, pois, até então, lhe coubera apenas ouvir, por entre as paredes, os gemidos das mulheres a se entregarem aos pretendentes da mãe. Agora, seriam essas mesmas mulheres que gemeriam e tremeriam num diferente êxtase, o da morte por enforcamento.

A exigência da limpeza do local pelas traidoras antes de sua execução aponta para uma expiação, ainda que breve, da condição de cumplicidade. Deveriam incensar e limpar o local das marcas de usurpação ali deixadas, em um ritual de passagem e fechamento de um ciclo.

O desmembramento de Melântio alude à força titânica usada por Ulisses para castigar o traidor. A ele, que armou os pretendentes, cabia apenas o desprezo e o desrespeito. Representava a última tentativa de lutar pela permanência das coisas como estavam, optando por desconsiderar o rei e sua volta e dar o poder a outrem. Melântio desconheceu a mudança da situação e ousou adiar a morte anunciada.

A defumação do local indica a observância aos costumes e ao caráter sagrado da situação. Mesmo promotor de tantas mortes, Ulisses sabia-se executor de algo superior a ele.

Desta forma, o herói volta à casa para assumir seu posto de regente. Haverá de desvestir-se dos trajes heroicos, sejam eles armaduras ou andrajos, e cobrir-se com seu manto reluzente, fazendo jus a sua nobre posição, agora, mais do que nunca, conquistada. Resta a transformação da chorosa Penélope para a consagração de uma nova união, após vinte anos passados.

CANTO XXIII

Euricleia vai chamar Penélope para ver, com seus próprios olhos, o marido regressado. A rainha não consegue crer nas palavras da serva. Parece impossível ter adentrado o palácio e dado cabo de tantos homens sozinho. A serva lhe descreve a cena encontrada: Ulisses rodeado de corpos banhados em sangue. Mesmo assim, Penélope custa a acreditar.

É curioso notar o fenômeno de que, quando chegamos onde tanto lutamos para estar, há momentos de descrença nessa tão demorada chegada, como se o vivido fosse apenas um sonho, uma brincadeira do destino a nos enganar; como nos enganamos tantas vezes, imaginando-nos agraciados por tudo quanto fora desejado. É como se houvesse uma névoa tênue nos impedindo de ver com nitidez se aquilo que enxergamos é real ou imaginado.

Tanto tempo se passara que Penélope não encontra modo de se achegar a Ulisses. Enquanto se analisam sem pronunciar palavra, aguardando o momento em que se reconhecerão como marido e esposa, Ulisses medita com Telêmaco sobre um possível exílio, como é costume acontecer àqueles que matam um homem. Trama disfarces para os habitantes da cidade, quer criar a fabulação de ter havido, finalmente, o casamento na mansão. Isso evitará a divulgação da notícia da matança, dando-lhes tempo de ir à sua fazenda e pedir socorros a Zeus. E assim foi feito.

Quem passava pela rua ouvia o aedo cantar com sua lira e dançar, e pensava que a disputada rainha tinha, finalmente, desposado um escolhido.

Ulisses é banhado e untado, com as bênçãos de Atená, que lhe dá uma aparência de imortal. Como se sabe, o banho tem sempre um caráter ritual de passagem. Ulisses se limpa de suas impurezas passadas, renovando-se. Desfaz-se de suas roupas de mendigo e ganha o manto e a túnica de rei. Pode agora encarar sua esposa e dirigir-lhe as palavras guardadas em si todo esse tempo.

Mas o faz de maneira indireta, dizendo primeiro, de modo provocativo, ter ela um coração rijo e inflexível, talvez por ter se mantido afastada do marido desde sua partida. Irá dormir sozinho, afirma. Penélope aproveita o ensejo para propor a Ulisses levar sua cama a outro cômodo, sabendo em seu íntimo ser isto impossível, pois a cama fora feita pelo próprio herói a partir do tronco de uma oliveira, mantido como estrutura do leito. Ambos se testam. Ao ouvir a confirmação dos detalhes do leito conjugal, Penélope se rende ao marido e o encontro acontece, banhado em lágrimas e beijos. Tanto sofrimento para voltarem a se unir teria sido imputado pelos deuses, acredita, invejosos do amor de ambos.

A alusão ao leito como prova cabal da identidade de Ulisses deve-se a algo que somente os dois tinham conhecimento – além de uma aia fiel que guardava as portas da alcova. Tal como a cicatriz na coxa de Ulisses, o tronco da oliveira como estrutura da cama constitui algo da intimidade do casal.

Brandão (2000) chama atenção para o significado da oliveira na Grécia: símbolo de força, fecundidade, paz, sendo considerada um *axis mundi*, um eixo do mundo; reflete o homem universal na tradição islâmica. É também considerado um local sagrado da vida, onde se nasce e onde se morre. Este símbolo plantado no leito conjugal, sinal definitivo de reconhecimento do casal, confirma a retomada do herói a um centro.

Penélope lança mão de um segredo de ambos para aliviar suas dúvidas sobre quem é Ulisses. Somente a confirmação desse aspecto da intimidade conjugal lhe diz respeito: sabê-lo companheiro, compondo com ela o casal. Como esposa do herói, mostra-se também possuidora de grande astúcia. A alusão ao ciúme divino é novamente retomada. Assim como a extrema beleza, o amor entre o homem e a mulher constituiria ofensa aos deuses, os únicos capazes de "viver" tamanha dimensão. Esposa e esposo ficam conversando por horas. Ulisses conta suas aventuras e a tarefa a ser cumprida, enunciada quando de seu encontro com Tirésias, a saber, como já descrita anteriormente: deveria visitar cidades de mortais levando um remo, até chegar a um povo ignorante de notícias do mar, e de alimentos condimentados com sal. Quando cruzasse com um homem e recebesse dele elogios ao seu mangual[1], deveria fincar o remo e imolar vítimas a Posídon – um carneiro, um touro e um javali acasalado a porcas (*coniunctio* entre o selvagem e o doméstico). Em seguida, imolaria hecatombes a todos os deuses imortais. Com isso, viveria longamente, com prosperidade e opulência.

Talvez essa seja a verdadeira expiação de Ulisses: dirigir-se na direção oposta ao mar, meio tão familiar a ele, reino de Posídon, e oferecer sacrifícios a esse deus. Trata-se de ir de encontro com o diferente, para o interior, e estabelecer bases pacíficas com esse deus com quem se enfrentou todo tempo. É colocar limites, adiar impulsos, manter-se ligado ao sagrado. O lugar preciso em que isso deve ocorrer é dado pelo andarilho a fazer-lhe elogio, o que indica uma afetividade serena e afável, de caráter oposto às manifestações emocionais presentes no episódio que dera origem ao seu nome.

---

[1] Mangual: Instrumento de malhar cereais, constituído por duas varas, uma maior (*pirtigo*), que serve de cabo, e outra menor (*mango*), unidas por uma correia. (http://michaelis.uol. com.br/moderno/portugues/index.php? pesquisa em 27/05/2010).

Os animais citados por Tirésias são como vítimas a Posídon, todos de caráter sacrificial, e têm ligação estreita com a história de Ulisses. O carneiro foi o seu transporte para fora da caverna do Ciclope, onde tudo começou; o javali o feriu na coxa e lhe deixou a cicatriz da identidade; os porcos estiveram presentes na ilha de Circe, e também lhe serviram de alimento, quando de sua volta a Ítaca, ligados à figura do porqueiro, aquele que o acolheu com amor de *caritas* – deu sem olhar a quem. O touro é um animal presente nos sacrifícios, muito citado em toda a história de Ulisses como alimento dos pretendentes à mão de Penélope, além de ser consagrado a Zeus, bem como a Posídon. Muitos bois, carneiros e porcos foram mortos de forma profana, e com um intuito pífio. Agora, Ulisses deveria sacrificar esses animais ao Senhor dos Mares, dando ao ato um caráter sagrado.

Depois de conversarem e se amarem toda a noite, o casal adormeceu. Mas tão logo o dia raiou, Ulisses decidiu visitar o pai, que sofria com sua ausência. Aconselha Penélope a se proteger e permanecer em seus aposentos, com receio de represálias após tantas mortes.

O retorno ao pai completa o ciclo de seu percurso de introspecção. Depois de lutar com os aqueus e conquistar o mundo, conhecer novas realidades e expandir horizontes, o movimento de retorno indica a centroversão necessária para integrar todo o vivido. Volta primeiramente ao Hades, terra *mater*, abrigo das almas, onde encontra a mãe. Em seguida volta à sua cidade, Ítaca, ao filho e à mulher, para finalmente retornar ao pai.

CANTO XXIV

Este canto se inicia com Hermes encaminhando as almas dos pretendentes ao Hades, empunhando seu bastão dourado.

Estavam ali Agamêmnon e Aquiles, além de muitos outros heróis que ouviram de Anfimedonte, filho de Melaneu, como Penélope, com sua constância e fidelidade, os persuadira a esperar por ela, enquanto tecia a mortalha de Laerte de dia, para desfazer o trabalho à noite. Contou também como Ulisses conseguiu dar cabo de todos os homens, com ajuda de Telêmaco, depois de aguentar insultos e agressões em seu próprio solar.

Toda história, portanto, foi repetida de forma compacta nos Ínferos, para as almas dos que lá se encontravam, fazendo-nos associar a um intrincado processo de elaboração ocorrendo em nossas profundezas, quando vivenciamos mortes, perdas ou situações impactantes, necessitando da repetição como mecanismo de assimilação. O elemento facilitador ou promotor desse processo é Hermes, o deus das conexões.

Enquanto isso, Ulisses chega à fazenda de Laerte e resolve testá-lo antes de se revelar.

Este parece ser um padrão de nosso herói. Como se desconfiasse todo o tempo – como fazem os que desenvolveram o que John Bowlby chamou de "apego ansioso-ambivalente" –, parece precisar sempre de provas do afeto do outro. Antes de se identificar, necessita se certificar do amor de seu interlocutor. Até mesmo com aqueles mais próximos, a perspectiva de traição, mesmo remota, precisa ser afastada.

O pai lhe pergunta de onde vem, quem é, qual sua cidade, com que barco chegou, perguntas habituais e sempre repetidas por todos que lhe dirigiram a palavra. Ulisses mente ao pai, e deixa em suspenso o possível destino do filho. Laerte se desespera. A estratégia de Ulisses é cruel, e agora é como se ele precisasse provar ser ele mesmo quem está ali, e não sua fabulação. Ulisses mostra sua cicatriz e lembra um fato vivido junto com o pai, marcante para os dois. Enumera as árvores frutíferas dadas a ele por Laerte: treze pereiras, dez macieiras, quarenta figueiras e cinquenta videiras com uvas diversas amadurecendo em diferentes tempos.

Trata-se também, como a referência à cama do casal com Penélope, de vivência íntima, relacionada à experiência pessoal única entre o pai Laerte e o filho Ulisses. As árvores expressam o processo vivido, o tempo de plantio e frutificação da própria relação parental.

Enquanto pai e filho se reencontravam, o mensageiro Boato se incumbiu de espalhar a notícia da morte dos pretendentes. Medonte dá testemunho de ter visto um deus imortal ao lado de Ulisses, e o ancião Haliterses chama todos à responsabilidade: a conivência com as atrocidades dos pretendentes fazia de cada um ali presente, responsável pelas monstruosidades ocorridas. Em paralelo a isso, Atená interpela Zeus, e pede a ele não levar adiante o morticínio. Que todos voltem a se entender, tendo a riqueza e a paz como consequência. A deusa chama a atenção de Ulisses para o poder supremo de Zeus e para a necessidade de pôr fim, de uma vez por todas, à guerra funesta. Ulisses acata a sugestão da deusa. Ambas as partes fazem um juramento pela paz futura, e dessa forma sua epopeia tem fim. O herói, assim, com a bênção dos dois deuses que estiveram com ele todo tempo, sela sua jornada.

Homens e deuses confabulam no sentido de interromper o movimento contínuo de guerra e vingança. A decisão se consolida pelo diálogo e pela responsabilidade assumida, focalizando o desfecho da Odisseia em uma dinâmica pós-patriarcal. Essa forma de funcionamento, direcionada para a troca e entendimento, está além do simples cumprimento dos princípios da sobrevivência e reprodução (dinâmica matriarcal), ou da simples obediência da lei e da ordem, bem como cumprimento da tarefa (dinâmica patriarcal).

Em Brandão (2000), encontramos outros possíveis desfechos da epopeia, menos românticos que o descrito por Homero. Um deles conta ter Ulisses expiado o massacre dos pretendentes fazendo sacrifícios a Hades, Perséfone e Tirésias, e chegando a um país de nome Epiro. Ali, sacrificou a Posídon, tal como o instruíra Tirésias, e teria se ligado conjugalmente a Calídice, por ter ela lhe oferecido metade do próprio reino, e com quem concebeu Polipetes. Depois da morte de Calídice, teria retornado a Ítaca, onde encontrou seu novo filho com Penélope, Poliportes.

Nesse relato, Ulisses cumpre seu destino até o fim, como previsto pelo cego vidente, e concebe dois novos filhos. Seria interessante se tivéssemos mais dados sobre essa possível permanência do herói em Epiro, uma vez que ele ali se instalou e procriou, retornando a Ítaca sem as inúmeras dificuldades enfrentadas em sua epopeia anterior. Qual teria sido o motivo para Ulisses não permanecer em sua tão almejada Ítaca? Seu encontro com Calídice teria sido uma nova sedução narcotizante, ou uma relação madura, uma escolha genuína, decorrente de todo o seu percurso anterior, incluindo o encontro com Penélope? O nome "Polipetes" significa, segundo Brandão, "aquele que tem muitas pessoas sob sua guarda" (2000, p. 309). Teria o herói produzido um filho apto a reinar longe do mar? *Poliportes* significa, segundo o mesmo autor, "o destruidor de cidades" (p. 310). Por que escolher esse nome para o filho? Seria, talvez, uma referência à força guerreira do rapaz, por ser uma criança gerada no calor da mais sangrenta vingança? São apenas conjecturas a respeito desses fragmentos míticos, e talvez seja temerário tirar daí muitas interpretações. Por ora, deixemos essas questões no ar.

Em outra versão, Ulisses teria sido exilado por Neoptólemo, por cobiçar as posses do filho de Aquiles. Teria, então, se refugiado na Etólia, onde desposou a filha do rei Toas, e faleceu em idade avançada, como o oráculo previra. Há ainda uma variante em que Telégono, seu filho com Circe, o teria matado por engano quando buscava pelo pai, em Ítaca. Essa história parece familiar? Faz lembrar Édipo e Laio.

Há também controvérsias sobre a fidelidade de Penélope, apesar da versão mais aceita sublinhar o casal como exemplar, sem levar em conta as ligações adúlteras de Ulisses.

Todas essas especulações a respeito das traições descrevem o fato como algo objetivo. No entanto, no sentido de uma das prováveis leituras simbólicas consideremos tais ligações como possíveis contatos de Ulisses com sua alma.

CONSIDERAÇÕES FINAIS

A Odisseia pode ser considerada como a expressão mítica, portanto arquetípica, de um processo de individuação. Nesse sentido, o épico é a configuração de um caminho, de um percurso, que se inicia na extroversão da luta contra os troianos e, vencida a batalha, exige um regresso. A história de Ulisses é mais que o descrito no poema homérico, pois retrata a senda de um homem que se forja como guerreiro, estrutura-se como esposo, descobre-se como pai. Toda a saga retratada no poema, bem como em outros textos clássicos (Eurípides, Apolodoro), conduz o personagem a uma condição de consciência reflexiva. Como decorrência, questões vitais da existência emergem, redirecionando nossas atenções para o profundo sentido da vida. As demandas pelas transformações reclamam por espaço: o guerreiro deverá ceder lugar ao regente; o macho de muitos amores e amantes dará lugar ao esposo fiel; o fecundador de imensa prole render-se-á à dimensão do pai humano, presente na condução do destino do filho; o ser semidivino, investido de *areté* e *timé*, em eterno conflito com as forças arquetípicas explicitadas pelas presenças divinas, ora protegido, ora ameaçado, experimentará o longo e interminável processo de humanização de suas regências divinas transformando-se mais e mais no humano Odisseu.

Na Odisseia, como na vida atribulada de Odisseu, os temas traição e fidelidade, adiamento e persistência, narcose e consciência reflexiva, cegueira e previdência, arrogância (*hýbris*) e humildade, discriminação e indiscriminação, são realidades marcantes. Todos esses pares de opostos complementares constituem-se como mitologemas e pré-requisitos do processo de individuação. Em meio a tantas outras, emergem as polaridades *puer-senex*.

Ulisses aprendeu a não se trair. Para percorrer seu caminho heroico e retomar seus vários papéis existenciais, ou, melhor dizendo, integrá-los, sofreu as agruras das transformações necessárias: dores do corpo – sono, fadiga, fome –, bem como as dores de alma – perdas, mortes simbólicas, medo, solidão, perseguições insanas, e tantas outras de difícil enumeração. A cada aventura e encontro com perigos, foi se forjando e se aproximando de sua composição, de sua natureza ímpar, tornando-se ele mesmo. Em um movimento de introspecção, ou seja, num movimento de centroversão – o olhar para o centro –, completa seu ciclo com ousadia e coragem, não fugindo às suas tarefas e deveres. O mito descreve a instauração de um patriarcado que inclui a responsabilidade, e uma busca de relação embasada na alteridade. Ulisses carrega os germens de um pós-patriarcado.

Há, contidos no grande tema do caminho de Ulisses, ou de sua busca e retorno, subtemas que o caracterizam e o definem. Em sendo um herói, seu trajeto tem como pano de fundo, como de tantos outros heróis, o processo do discernimento em direção à forja de uma consciência reflexiva, envolvendo as forças opostas, a saber: a lucidez e a narcose. Estas constituem-se como força motriz daquilo que Jung denominou *opus contra naturam*, ou o próprio processo de individuação. Não se trata de qualquer movimento, mas sim de um movimento hermético, flexível, criativo, contrapondo-se à narcose paralisante.

Durante todo o trajeto de Ulisses pudemos ver como o embotamento narcótico esteve presente, induzindo o herói a permanecer tão somente até onde chegara. Muitas vezes o mito trouxe o embotamento expresso em femininos entorpecedores da ação do herói como o são as tentações do prazer físico e emocional, do sono, da satisfação, do conforto. Outro fator constante no relato são as profecias. Elas pontuam a passagem do herói em seus diversos contatos. Assim, Heleno previu as condições para a queda de Troia; Polifemo comenta que Telemo já havia antevisto sua cegueira; Circe constata ter sido seu encontro com Ulisses já predito por Hermes; Tirésias vaticina o destino do herói e as dificuldades futuras a enfrentar; os pássaros apontam para o sucesso ou insucesso dos projetos intentados; os feácios e seu barco foram transformados em pedra por Posídon por conta de terem transportado Ulisses para Ítaca. O divino Treme-Terra criou enorme barreira em torno da ilha Esqueria, conforme antiga profecia. As predições todas foram cumpridas, podendo ser compreendidas como indicadores da presença, no mito, de uma intencionalidade do *Self*, coordenador do processo de estruturação do ego. A pontuação constante do mito pelos vaticínios pode também sugerir a presença simbólica da intuição, função psíquica prevalente em Ulisses – como algo a ser considerado e respeitado. A profecia será sempre o anúncio de um futuro provável. E,

> . . . o universo de nosso material psíquico contém uma forma-
> tação, ou melhor, uma estruturação arquetípica, determinando
> que antes de sermos um futuro anunciado, somos previamente
> sonhados ou intuídos ou fabulados ou pré-vistos (fenômeno da
> clarividência) pelo inconsciente. Esses materiais são, portanto,
> anúncios de futuros possíveis, aguardando "escolhas" de nossa
> psique. (Alvarenga, 2006)

Outra característica presente no mito de Odisseu está no par *puer-senex*. Telêmaco e Ulisses são, inegavelmente, expressões dessa polaridade, ou tal como James Hillman (1999) a entende, um par complementar. O encontro de ambos, em determinado momento da epopeia, constela a possibilidade da integração de aspectos ainda incipientes em cada um. Assim, Telêmaco é o jovem ajuizado; Ulisses é um herói atribulado. O filho amadurece e adquire atributos de sabedoria, enquanto o pai incorpora os atributos de regente e protetor, condições tão necessárias para conduzir seus filhos, concretos e simbólicos, sob sua tutela na condição de súditos. Ulisses, ao aprender a estabelecer limites a sua porção *incontinente*, transcende a condição do herói sempre na *hýbris*, para tornar-se esposo, pai, regente, amigo, humano. O herói seguiu seu processo arquetípico de humanização. A presença da temática – pares de opostos – nos orienta para a importância de considerarmos as oposições como realidades complementares a serem observadas ao longo da vida.

Finalmente, o tema relevante das marcas da identidade desponta no enredo da vida do herói: Ulisses – herói e seu ferimento na perna causado pela estocada do javali; Ulisses – amante e a configuração do leito conjugal por ele esculpido no tronco de uma oliveira; e finalmente Ulisses o príncipe-regente, herdeiro do reino configurado no pomar recebido de seu pai Laerte.

Traçar, a partir do mito, paralelos da forma como essas forças motrizes ocorrem, permite-nos correlacionar, simbolicamente, como os episódios que envolveram Ulisses são expressões de caminhos arquetípicos de humanização de estruturas primordiais. A regência do *Self* ao conduzir a estruturação dos caminhos de composição do complexo egoico, quando vista à luz da amplificação mítica, é fascinante!

Quantas foram as vezes em que o personagem – Ulisses herói – invadiu o complexo egoico, serviu-se de uma *sublimatio* defensiva, manteve-se na inflação da hýbris e levou ao sacrifício vidas sob sua proteção?

Muitas, certamente. Todavia, o tempo do inconsciente e a sabedoria do *Self* respeitam a sofreguidão dos complexos emergentes aos quais o ego sucumbe, e silenciosamente mandam alertas, nem sempre sutis, para o ego desavisado – sonhos, intuições, tropeços, fracassos, perdas, humilhações – até que o processo reflexivo se instaure e o ego se renda ao *Self*.

Quantas foram as vezes em que o personagem – Ulisses homem – cedeu às tentações dos prazeres (sexualidade, indolência, preguiça, glutonaria)?

Muitas, certamente. Entretanto, todas as vinculações estabelecidas, seja com femininos prazerosos ou glutonaria, indolência ou preguiça, representaram vivências de aprisionamento, a par do que as tarefas heroicas deixaram de ser cumpridas; Ulisses perdeu-se no tempo do inconsciente. Seu processo de individuação sofreu reveses quando o herói rendeu-se às demandas da natureza.

Quantas foram as vezes em que o personagem Ulisses, inventivo, sob a regência de Atená e Hermes, foi tomado pela inflação?

Novamente, muitas, na sua impulsividade de resolver, num confronto direto, a situação criada por Circe e seu enfeitiçamento, por exemplo, ou seu desejo de chegar a Ítaca já como o regente querido e ansiado, desconsiderando os perigos, mergulhado em arrogância. Precisou da sabedoria da deusa e da astúcia do deus para não pôr a perder todo o esforço e trabalho já realizados, e aprender a ser humilde, esperar, respeitar o processo.

Em nossa individuação, ou seja, enquanto vivemos e realizamos nossas tarefas humanas como crescer, aprender, estudar, trabalhar, constituir família, fazer paridades, lidar com perdas etc., nosso ego pode se estruturar e traduzir-se em comportamentos que incluem um grande leque de modos de funcionamento. Destacamos os que se sobressaíram nessas reflexões: Em primeiro lugar, cada um de *per si* pode trair a si mesmo e a sua alma, ou ser a ela fiel. Para escolher de fato uma atitude e não ficar à mercê das circunstâncias, perdendo-se em traições concretas na vida, é preciso que o Ego aprenda a discriminar. Haverá de diferenciar uma coisa de outra coisa, para poder se perguntar sobre o que quer realmente para si. A discriminação diz respeito a uma consciência abrangente do eu e do outro, dos limites do ego. Dentro desse campo com fronteiras mais definidas, há, no entanto, formas de funcionamento que tendem para a indiscriminação.

Há em Ulisses, exemplos de *adiamento*, de *anestesia* e também da *provocação arrogante*. Estes são modos de ação que afastam do caminho em direção a si mesmo, como os ventos de Éolo afastaram Ulisses de Ítaca. Ao *adiamento* se contrapõem a *realização* e a *persistência*; ao processo de *anestesia* ou *narcose* se contrapõe a *consciência alerta* e *reflexiva*; e finalmente, à *provocação arrogante* se contrapõe a *humildade*.

Mas como conseguir ser fiel ao próprio processo e não sucumbir às seduções das sereias da vida?

Não há uma única e mágica solução, como gostaria o ego preguiçoso. O mito de Ulisses dá embasamento à ideia de que, talvez, a mais árdua tarefa humana, mas também a mais necessária e rica em ensinamentos e presente no processo de individuação, seja o contato com a quarta função da consciência, também conhecida como função inferior, por seu caráter tosco e pouco desenvolvido. Como Jung dizia, ela é a porta para o inconsciente e uma via de acesso preciosa para a *sombra*. Como sabemos, *sombra* é aquela instância psíquica que carrega tanto as repressões e recalques quanto a criatividade, bem como conteúdos que ficam afastados da luz da consciência, às vezes por toda a vida, às vezes ganhando espaço em determinados momentos e fases da existência.

No nosso modo de entender, Ulisses possui uma tipologia que o caracteriza predominantemente como um tipo intuitivo extrovertido. Isto significa que ele flui mais fácil e naturalmente pela via da intuição, seu modo de percepção do mundo mais espontâneo. Isto também quer dizer que, por oposição, a sensação introvertida é o seu maior desafio. Se considerarmos que nosso caminho de individuação requer necessariamente que entremos em contato profundo com aspectos sombrios de nossa psique, vemos como o mito nos auxilia a enxergar e validar tal hipótese. Assim, vejamos:

A função sensação é composta pelos nossos cinco sentidos que trabalham como receptores do mundo, e seus tradutores dentro deste referencial. Ulisses teve que passar por várias tarefas e podemos decompor algumas delas em cinco aspectos equivalentes aos sentidos. Quando Ulisses enfrenta Polifemo, está diretamente ligado ao sentido da visão. Este é o mitema desta passagem, já que o ciclope é ferido em seu único olho, e Ulisses precisa desenvolver justamente o olhar, e avaliar formas de escapar do gigante a partir das condições que vê ali. Em seguida, o desafio está no paladar; na terra dos lotófagos, aqueles que comem do loto e se esquecem de seu destino, ficam anestesiados. Ulisses precisa discriminar o que comer, e o que evitar. Com Circe, o mitema do olfato também está presente na poção ingerida pelos seus homens, bem como na *môli* que anula o efeito venenoso e narcótico do feitiço; ele é lembrado na transformação sofrida pelos homens em *porcos*, cujos focinhos são seu meio mais eficaz de orientação. O tato é uma função fundamental e necessária ao cego Tirésias, com quem Ulisses vai ter no Hades. E finalmente a audição, percepção desafiada pelas sereias. Os cinco sentidos, assim, compõem sua função sensação, com a qual mais teve que se haver no seu caminhar.

Além da abertura para a função inferior – na linguagem junguiana –, personificada em Ulisses na regência da deusa Ártemis no modelo ampliado de uma tipologia mitológica por nós proposta, apontamos mais dois importantes e fundamentais fatores para a individuação: o contato com a *anima*, e o desenvolvimento de uma forma artística de expressão. Como sublinhado ao longo do livro, Ulisses conheceu-se profundamente através dos seus encontros com diferentes femininos, a começar por Circe, seguido de Calipso, Nausícaa e Perséfone, além da mãe, da ama, e das mulheres que ouviu no Hades. Todas elas deram a ele alicerce para construir um novo padrão de masculino, algo além do guerreiro heroico que deixou o lar por vinte anos. Ulisses partiu um e retornou outro, transformado.

A expressão artística através do *canto* das próprias histórias denota a possibilidade da fluência da criatividade, cuja energia constituinte tem mais espaço na psique quando as neuroses se aquietaram.

Estas três aquisições – desenvolvimento da quarta função, o contato com a *anima* e a expressão artística – falam da possibilidade de a alma integrar o que Hermes representa na mítica de mais criativo e novo: a *enérgeia*, o movimento que faz as águas do rio da psique se renovarem constantemente, a flexibilidade frente aos endurecimentos das defesas restritivas, a incorporação do diferente como amplificação e enriquecimento, a entrada e a saída das trevas, morte e renascimento, a possibilidade do lúdico convivendo com o profundo. "Do ponto de vista psíquico, é a expressão do substrato da individuação. É ele quem nos põe no nosso caminho individual para que possamos ser aquilo a que viemos. Faz brotar a semente que somos" (Baptista, 2010, p. 277).

Ampliando o quadro da tipologia simbólica baseada nas regências míticas, observamos ainda cinco deuses com presenças marcantes na Odisseia, com papéis fundamentais na constituição psíquica do herói ao longo de seu caminho:

- Hermes, como sangue em suas veias, já tantas vezes aqui citado. Bisavô de Ulisses, deixa nele traços de comportamento que não deixam enganar sobre sua origem;
- Zeus, representante do poder supremo, regente de tudo o que há sobre a Terra, a quem todos recorrem nos momentos mais dramáticos;
- Hades, senhor dos Ínferos, onde Ulisses foi obrigado a ir para ter informações imprescindíveis de como retornar;
- Atená, deusa da inteligência estratégica, guia dos heróis.
- Posídon, portador da ira e gerador de monstruosidades, por ele sempre protegidas, senhor dos mares e das águas, fará parte de sua regência relacional, entidade com quem terá que se entender ao longo de todo seu percurso.

Como se vê, Ulisses traz em seu relato os três deuses representantes do Cosmos – os três irmãos Zeus, Posídon e Hades –, distribuídos por terra, águas e Ínferos, e denotando assim tratar de um mito que alude a uma cosmogonia. Hermes, como uma *enérgeia* sempre presente e dinamizando o processo, dá movimento ao percurso. Atená, a representante feminina do quatérnio, configura um feminino fiel ao masculino, guerreira incansável, companheira do herói em todos os momentos. Ulisses precisou estar nos três âmbitos, na terra de Zeus, nos mares revoltos de Posídon e no mundo das almas de Hades, circulando por todos eles, em busca de si mesmo. Atená o conduziu e o encorajou a realizar aquilo de que não podia fugir: o seu retorno.

Discorrendo brevemente sobre as tipologias divinas, vemos que os deuses elencados, se humanos fossem, poderiam ter a seguinte classificação:

- Hermes teria como primeira função Intuição Extrovertida e, como segunda, Pensamento Introvertido;
- Zeus teria como primeira função Intuição Extrovertida e segunda, Sentimento Introvertido;
- Hades teria como primeira função Pensamento Introvertido e segunda, Intuição Extrovertida;
- Atená teria como primeira função Pensamento Extrovertido e segunda, Intuição Introvertida.
- Posídon, que comporia seu quatérnio relacional (ao lado de Atená, Hera e Afrodite), teria como primeira função Sentimento Extrovertido e Intuição Introvertida.

Vemos, assim, como a Intuição, estudada melhor por Baptista, Lopes e Souza (2007),é, em Ulisses, uma função psíquica desenvolvida e disponível, que dá o tom de suas aventuras, e fala, por oposição, da necessidade de contato com a Sensação, seu maior desafio. Posídon também representa para o nosso herói um aspecto relacional que o chama constantemente, e o incita a construir e manter um eixo. Cabe a Odisseu construir fronteiras para as explosões emocionais, ou os arroubos arrogantes, para que se exerça como rei, e possa fazê-lo de forma justa, tendo integrado suas facetas guerreira, amante e heroica.

Desta forma, encerramos o relato desse herói encantador, cujos feitos nos dão margem a muitas leituras simbólicas e possibilidades de inúmeras pontes com a prática clínica nos consultórios de psicologia e também com o nosso cotidiano, em nosso próprio caminho. Esperamos ter podido destacar, ao longo das interpretações, o quanto nas aventuras e desafios de Ulisses podemos nos reconhecer em seus medos, suas bravatas, seus processos narcóticos, suas buscas e ambições, identificando, assim, o herói em nós mesmos.

BIBLIOGRAFIA

Alvarenga, M. Z. (1999). O herói e a emergência da consciência psíquica. *Junguiana, 17,* 47-56.

Alvarenga, M. Z. (2000). A dinâmica do coração. Do herói-dever, heroína-acolhimento para o herói-heroína-amante-amado. *Junguiana, 18,* 133-152.

Alvarenga, M. Z. (2006). Mitologia, tipologia e o universo de possibilidades. *Junguiana, 24,* 47-56.

Alvarenga, M. Z. (Org.). (2010). *Mitologia simbólica – Estruturas da psique e regências míticas.* São Paulo: Casa do Psicólogo.

Apolodoro. (2004). *Biblioteca mitológica.* Madri: Alianza Editorial.

Baptista, S. M. S. (2010). Hermes. In M. Z. Alvarenga (Org.), *Mitologia simbólica – Estruturas da psique e regências míticas.* São Paulo: Casa do Psicólogo.

Baptista, S. M. S. (2008). *O arquétipo do caminho – Guilgamesh e Parsifal de mãos dadas.* São Paulo: Casa do Psicólogo.

Baptista, S. M. S., Lopes, E. M., & Souza, A. C. R. (2007). Um olhar diferente para a função intuição. *Junguiana, 25,* 103-111.

Beye, C. R. (2006). *Odisseu: Uma vida.* São Paulo: Odysseus.

Brandão, J. S. (1987). *Mitologia Grega* Vol. III, Petrópolis: Vozes.

Brandão, J. S. (2000) *Dicionário Mítico-Etimológico*, vol. I e II, Petrópolis: Vozes.

Byington, C. A. B. (1987). *Desenvolvimento da personalidade*. São Paulo: Ática.

Campbell, J. (2004). *O herói de mil faces*. São Paulo: Cultrix – Pensamento.

Cordeiro, A. M. (2010). Posídon, deus dos mares internos e externos. In M. Z. Alvarenga (Org.), *Mitologia simbólica – Estruturas da psique e regências míticas*. São Paulo: Casa do Psicólogo.

Détienne, M., & Vernant, J. P. (2008). *Métis, as astúcias da inteligência*. São Paulo: Odysseus.

Eurípedes. (1979). *Helena*. México: Fondo de Cultura Económica.

Fox, R. L. (2006). *The Classical World: An Epic History from Homer to Hadrian*. New York: Basic Books.

Graves, R. (1990). *A filha de Homero*. São Paulo: Editora Globo.

Hillman, J. (1999). *O livro do Puer, ensaios sobre o arquétipo do puer aeternus*. São Paulo: Paulus.

Homero. (2000). *Odisseia* (Trad. Manuel Odorico Mendes). São Paulo: Edusp.

Homero (2006). *Odisseia* (Trad. Jaime Bruna). São Paulo: Cultrix.

Homero (s/d). *A Ilíada*. Recuperado em 16 de janeiro de 2009, em http://www.fflch.usp.br/dh/heros/traductiones/homero/iliada/elmojavali.html

Lima, D. A. S., & Baptista, S. M. S. (2007). Ares, senhor da guerra, da dança e de grandes amores. In M. Z. Alvarenga (Org.), *Mitologia simbólica – Estruturas da psique e regências míticas*. São Paulo: Casa do Psicólogo.

Neumann, E. (1990). *História da origem da consciência*. São Paulo: Cultrix.

Pessoa, F. (1983). *Obra poética*. Rio de Janeiro: Editora Nova Aguillar.

Platão (1970). *A República*. São Paulo: Hemus Livraria e Editora.

Platão (1999). *Protágoras*. Lisboa: Relógio D'água Editores.

Vargas, N. S. (1987). Prefácio. In J. S. Brandão, *Mitologia grega*. Petrópolis: Vozes.

Wolf, F. A. (2006). *Viagem no tempo – A mente além do ontem, hoje e amanhã*. São Paulo: Mercuryo.

Impresso por :

Graphium
gráfica e editora

Tel.:11 2769-9056